LEI ANTICORRUPÇÃO E FCPA

COMPARATIVO DE EFETIVIDADE

[
ANDRE KURKOWSKI
JULIO MARIANO FERNANDES PRASERES
]

AMBRA
UNIVERSITY
PRESS

Publisher: Ambra University Press

First edition: January 2020 (Revision 1.0b)

Authors: Andre Kurkowski; Julio Mariano Fernandes Praseres

Title: Lei Anticorrupção e FCPA, Comparativo de Efetividade

Cover design: Raquel Gaudard

Book design: André Luiz Gama

Proofreading: André Luiz Gama

E-book format: EPUB

Print format: Hardback - 6.69 x 9.61 inch

ISBN: 978-0-9890761-0-4 (Print - Hardback)

ISBN: 978-0-9890761-1-1 (e-book – EPUB)

Editora: Ambra University Press
Primeira edição: janeiro de 2020 (Revisão 1.0b)

Autores: Andre Kurkowski; Julio Mariano Fernandes Praseres
Título: Lei Anticorrupção e FCPA, Comparativo de Efetividade
Design da capa: Raquel Gaudard
Projeto gráfico: André Luiz Gama
Revisão: André Luiz Gama

Formato e-book: EPUB
Formato impresso: Capa dura - 6.69 x 9.61 polegadas

ISBN: 978-0-9890761-0-4 (Impresso – capa dura)
ISBN: 978-0-9890761-1-1 (e-book – EPUB)

Ambra é uma marca da Ambra Education, Inc. registrada no U.S. Patent and Trademark Office.
Ambra University Press é uma divisão da Ambra Education, Inc.
Orlando, FL, EUA
https://press.ambra.education/
https://www.ambra.education/

*O modo de pensar determina as ações
dos indivíduos e, consequentemente, os seus resultados.*
(T. Harv Eker)

SUMÁRIO

Introdução   1

Corrupção   3

Lei Anticorrupção Brasileira Nº 12.846/2013   9
  Sanções   13

U.S. Foreign Corrupt Practices ACT   21
  Provisões Antissuborno e Contábeis   25
  Provisões Contábeis   36
  Violações   42
  Resoluções do Departamento da Justiça   45
  Resoluções Securities and Exchange Commission   49

Diferenças entre a Lei Anticorrupção e o FCPA   51
  Abrangência   51
  Escopo   52
  Tipos de violação   52
  Pagamentos de Facilitação   53
  Provisões Contábeis   54
  Sanções   55
  Resoluções   56

Análise de Aplicação da Lei   59
  Da metodologia empregada na pesquisa   59
  Distribuição de empresas processadas por país   60
  Distribuição das Competências   61
  Análise das condenações - Valor da Multa   62
  Sanções monetárias - média   65

Análise das condenações - Resoluções DOJ e SEC   66

Conclusão   71

Referências   77

ÍNDICE DE TABELAS

Tabela 1 - Empresas que sofreram sanções entre 2014-2018   60

Tabela 2 - Pluralidade dos Órgãos Sancionadores   62

Tabela 3 - Valor total de multas   63

Tabela 4 - Maiores multas aplicadas no Brasil   64

Tabela 5 - Sanções monetárias médias nos EUA   65

Tabela 6 - Resoluções DOJ   66

Tabela 7 - Resoluções SEC   67

Tabela 8 - Resoluções Brasil   67

Tabela 9 - Comparação temporal   68

INTRODUÇÃO

A corrupção é um problema endêmico social que atinge o mundo inteiro. Alguns países conseguem combater a corrupção de forma adequada com resultados positivos, enquanto outros sofrem pela falta de implementação de instrumentos necessários para enfrentar este mal e seus efeitos devastadores.

O Brasil, em sua história mais recente tem passado por grandes escândalos envolvendo atos de corrupção, o que resultou na homologação da Lei Anticorrupção nº 12.846/2013. A lei é destinada à responsabilização objetiva administrativa e civil de pessoas jurídicas pela prática de atos contra a administração pública, nacional ou estrangeira.

Um país exemplo no combate de corrupção são os Estados Unidos. O país, durante a sua história, passou por inúmeros escândalos de corrupção e em 1977 homologou o *U.S. Foreign Corrupt Practices Act* (FCPA) para combater a corrupção, em decorrência de subornos a dirigentes governamentais no exterior por empresas americanas. A FCPA e o seu escopo foram emendados em 1988. Desde então, a lei vem sendo aplicada e pode servir como uma ferramenta para análise mais profunda da funcionalidade das leis anticorrupção.

O problema em foco neste estudo é a corrupção, porém, considerando os dois países abordados neste estudo, e o fato de que existe uma clara diferença em como a corrupção é tratada no Brasil e nos Estados Unidos, o objetivo do trabalho naturalmente vem a se destacar como buscar aclarar as similaridades e diferenças entre a Lei Anticorrupção nº 12.846/2013 do Brasil e a *Foreign Corrupt Practices Act* (FCPA) dos Estados Unidos.

A comparação, primeiramente, entre a lei anticorrupção no Brasil e nos Estados Unidos precisa ser abordada, para que assim se possa chegar mais perto e examinar quais são as violações ou ações que as leis consideram ilícitas e como elas são abordadas e analisadas. Destarte, será possível responder a essas questões e entender o papel dos agentes do Estado e como suas leis afetam a prática de corrupção.

O primeiro capítulo, apresentará conceitos sobre a Corrupção, e motivos que possam levar empresas e agentes públicos a praticarem atos de corrupção.

O segundo capítulo abordará a Lei Anticorrupção do Brasil (Lei n.º 12.846/2013). Destaca-se que antes da implementação da Lei Anticorrupção, as leis anticorrupção existentes apenas responsabilizavam os indivíduos por participarem em atos ilícitos de suborno de funcionários públicos, e não as entidades legais. No entanto, após a implementação da lei, passou a ter a responsabilização objetiva administrativa e civil de pessoas jurídicas pela prática de atos contra a administração pública, nacional ou estrangeira, e foi adotada.

O terceiro capítulo, tratará exclusivamente da *Foreign Corrupt Practices Act* (FCPA) dos Estados Unidos) e explorará a lei americana e sua organização.

Já no quarto capítulo, será apresentado uma diferenciação da lei anticorrupção brasileira com o FCPA.

No último capítulo, será demonstrado a análise realizada através da coleta da base de dados em sítios eletrônicos; no caso do FCPA, através do *Stanford Law School Foreign Corrupt Practices Act Clearinghouse*, um centro de informação que funciona como um banco de dados, um repositório de documentos originais da Comissão de Valores Móveis (*Securities and Exchange Commission - SEC*) e do Departamento de Justiça, e um fornecedor de análises, trazendo aos usuários informações detalhadas relacionadas à aplicação da FCPA. No que diz respeito à lei n.º 12.846/2013, os dados foram coletados no sítio do Ministério da Transparência e Controladoria-Geral da União (CGU), divulgados no Cadastro Nacional de Empresas Punidas (CNEP), disponível no Portal da Transparência. A pesquisa analisará dados desde a entrada em vigor da Lei Anticorrupção n.º 12.846, em janeiro de 2014. Este período foi escolhido levando-se em conta a longa existência da FCPA, que foi promulgada em 1977, assim, os resultados de suas ações serão apresentados.

CORRUPÇÃO

A corrupção é um problema endêmico social global. O Fórum Econômico Mundial estima que a corrupção possui um custo de pelo menos US$ 2,6 trilhões – equivalentes a 5% do Produto Interno Bruto (PIB) global[1]. Segundo dados do Banco Mundial, empresas e indivíduos pagam mais de US$ 1 trilhão em subornos a cada ano.

O Banco Mundial[2] define corrupção como o abuso de cargo público para benefício especial. O ato ilícito ocorre quando um oficial ou funcionário público aceita, solicita ou extorque um suborno, ou quando um indivíduo oferece suborno para contornar políticas públicas e processos para obter vantagem competitiva e lucro.[3] Acredito que esta definição engloba corretamente a prática de corrupção.

De acordo com o Banco Mundial[4], a corrupção pode ser categorizada em tipos diferentes, tanto no setor público quanto no privado, e assim pode, por exemplo, englobar práticas de clientelismo, pagamento ou solicitação de suborno, fixação de preços, formação de cartéis, violação de conflito de interesses, extorsão, desvio de fundos, fraude, lavagem de dinheiro, nepotismo, uso de paraísos fiscais e evasão fiscal.

Além de tipificar os atos ilícitos, precisamos aprofundar um pouco a nossa investigação e mirar a nossa análise para os agentes. Afinal, a ilicitude de tais atos pode ser executada por pessoas jurídicas como empresas, associações, governos, organizações, ou pessoas físicas.

A Transparência Internacional, em seu relatório Barômetro Global de Corrupção – que pesquisa as percepções e experiências pessoais a respeito da corrupção, publicadas através de uma série de relatórios regionais abrangendo 119 países – perguntou às pessoas quais instituições elas consideravam as mais corruptas. O resultado mostrou que os políticos, policiais, funcionários públicos, executivos, juízes e magistrados, além dos líderes religiosos, foram considerados como os mais corruptos. Adicionalmente, um em cada quatro entrevistados disse que pagou algum tipo de suborno por serviços públicos nos 12 meses anteriores à realização da pesquisa.[5]

Os motivos da prática de atos ilícitos podem ser facilmente compreendidos. Superficialmente pode-se citar ganho financeiro, influência nas políticas e decisões do governo ou instituição em favor de uma causa ou resultado específico, vantagem competitiva e lucro. Os resultados da corrupção são vastos. De acordo com o Banco Mundial, a corrupção corrói a confiança no governo e enfraquece o contrato social. A corrupção alimenta e perpetua as desigualdades e o descontentamento, que levam à fragilidade, ao extremismo violento e ao conflito. Já em termos econômicos, segundo o Banco, a corrupção impede o investimento, com consequentes efeitos no crescimento e nos empregos. Os países capazes de enfrentar a corrupção utilizam seus recursos humanos e financeiros de maneira mais eficiente, atraem mais investimentos e crescem mais rapidamente[6].

No dia 10 de setembro de 2018, na ocasião do Primeiro Encontro sobre a Corrupção, o Secretário-Geral do Conselho de Segurança da ONU falou sobre a corrupção e seus efeitos. De acordo com ele, "a corrupção está presente em todos os países, ricos e pobres, do Norte e Sul, desenvolvidos e em desenvolvimento. [...] Corrupção rouba escolas, hospitais e outros fundos vitalmente necessários. Ela apodrece as instituições, à medida que os funcionários públicos enriquecem ou fecham os olhos para a criminalidade. Ela priva as pessoas de seus direitos, afasta o investimento estrangeiro e desrespeita o meio ambiente. A corrupção gera desilusão com o governo e a governança – e está frequentemente na raiz da disfunção política e da desunião social. Os pobres e vulneráveis sofrem

---

[5] *Transparency International. (2017). People and corruption: citizen's voices from around the world - Global Corruption Barometer. p. 5,7,9. Disponível em:* https://www.transparency.org/whatwedo/publication/people_and_corruption_citizens_voices_from_around_the_world.

[6] *The World Bank. (2018). Combating Corruption. Disponível em:* http://www.worldbank.org/en/topic/governance/brief/anti-corruption

desproporcionalmente. E a impunidade agrava o problema. A corrupção pode ser um gatilho para o conflito. Enquanto o conflito se agita, a corrupção prospera. E mesmo se o conflito diminuir, a corrupção pode impedir a recuperação. A corrupção impulsiona e prospera no colapso das instituições políticas e sociais. Essas instituições nunca estão mais em crise do que em tempos de conflito. A corrupção está ligada a muitas formas de instabilidade e violência, como o tráfico ilícito de armas, drogas e pessoas."[7]

É praticamente impossível discordar das palavras do Secretário-Geral, dado que os resultados da corrupção podem ser vistos diariamente, dissipados pelo mundo. Os países em desenvolvimento sofrem muito e detêm responsabilidade maior no sentido de combater a prática de corrupção e a contenção dos seus efeitos negativos.

Desse modo, o Congresso Americano abordou o lado ético da sua política externa quando se pronunciou a respeito do pagamento de subornos:

> The payment of bribes to influence the acts or decisions of foreign officials, foreign political parties or candidates for foreign political office is unethical. It is counter to the moral expectations and values of the American public. But not only is it unethical, it is bad business as well. It erodes public confidence in the integrity of the free market system. It short-circuits the marketplace by directing business to those companies too inefficient to compete in terms of price, quality or service, or too lazy to engage in honest salesmanship, or too intent upon unloading marginal products. In short, it rewards corruption instead of efficiency and puts pressure on ethical enterprises to lower their standards or risk losing business. Bribery of foreign officials by some American companies casts a shadow on all U.S. companies. The exposure of such activity can damage a company's image, lead to costly lawsuits, cause the cancellation of contracts, and result in the appropriation of valuable assets overseas.
>
> [...]
>
> Corporate bribery also creates severe foreign policy problems for the United States. The revelation of improper payments invariably tends to embarrass friendly governments, lower the esteem for the United States among the citizens of foreign nations, and lend credence

---

[7] *United Nations Press Release. (2018). At Security Council Briefing on Corruption, Conflict, Secretary-General Calls for Doing More to Strengthen Governance, Build Trustworthy Institutions. Disponível em: https://www.un.org/press/en/2018/sgsm19204.doc.htm.*

to the suspicions sown by foreign opponents of the United States that American enterprises exert a corrupting influence on the political processes of their nations. For example, in 1976, the Lockheed scandal shook the Government of Japan to its political foundation and gave opponents of close ties between the United States and Japan an effective weapon with which to drive a wedge between the two nations. In another instance, Prince Bernhardt of the Netherlands was forced to resign from his official position as a result of an inquiry into allegations that he received $1 million in pay-offs from Lockheed. In Italy, alleged payments by Lockheed, Exxon, Mobil Oil, and other corporations to officials of the Italian Government eroded public support for that Government and jeopardized U.S. foreign policy, not only with respect to Italy and the Mediterranean area, but with respect to the entire NATO alliance as well.[8]

---

[8] *House of Representatives. (1977) Unlawful Corporate Payments Act of 1997. House Report 95-640. Disponível em: https://www.justice.gov/sites/default/files/criminal-fraud/legacy/2010/04/11/houseprt-95-640.pdf*

O pagamento de propinas para influenciar os atos ou decisões de autoridades estrangeiras, partidos políticos estrangeiros ou candidatos a cargos políticos estrangeiros é antiético. É contrário às expectativas e valores morais do público americano. Mas não é apenas antiético, é um mau negócio também. Corrói a confiança do público na integridade do sistema de mercado livre. É um curto-circuito no mercado, direcionando as empresas para essas empresas que são ineficientes demais para competir em termos de preço, qualidade ou serviço, ou com preguiça de se envolver em vendas honestas, ou com muita intenção de descarregar produtos marginais. Em resumo, ela recompensa a corrupção em vez de eficiência e pressiona empresas éticas a reduzir seus padrões ou arriscar perder negócios. O suborno de funcionários estrangeiros por algumas empresas americanas lança uma sombra sobre todas as empresas dos EUA. A exposição de tal atividade pode prejudicar a imagem da empresa, levar a ações judiciais onerosas, provocar o cancelamento de contratos e resultar na apropriação de ativos valiosos no exterior.

O suborno corporativo também cria graves problemas de política externa para os Estados Unidos. A revelação de pagamentos indevidos invariavelmente tende a envergonhar governos amistosos, diminuir a estima dos Estados Unidos entre os cidadãos de nações estrangeiras e dar credibilidade às suspeitas semeadas por oponentes estrangeiros dos Estados Unidos de que as empresas americanas exercem uma influência corruptora nos processos políticos de suas nações. Por exemplo, em 1976, o escândalo da Lockheed sacudiu o governo do Japão à sua fundação política e deu aos opositores de laços estreitos entre os Estados Unidos e o Japão uma arma eficaz para a separação entre as duas nações. Em outro exemplo, o príncipe Bernhardt da Holanda foi forçado a renunciar de sua posição oficial como resultado de uma investigação sobre as alegações de que ele

De acordo com um relatório da *Transparency International*, o Índice de Percepção da Corrupção no ano de 2017 destaca que a maioria dos países está fazendo pouco ou nenhum progresso para refrear a prática de corrupção. O índice, que classifica 180 países e territórios por seus níveis percebidos de corrupção no setor público de acordo com especialistas e empresários, usa uma escala de 0 a 100, na qual 0 significa altamente corrupto, e 100, muito limpo. Este ano, o índice constatou que mais de dois terços dos países pontuam abaixo de 50, com uma pontuação média de 43. Infelizmente, em comparação com os últimos anos, esse fraco desempenho não é novidade. Os Estados Unidos obtiveram nota 75, ou 16/180, enquanto o Brasil se encontra bem longe, com nota 37, ou 96/180. Nova Zelândia e Dinamarca receberam as notas mais altas, 88 e 89, respectivamente. Sudão do Sul e Somália estão no outro lado do espectro, com notas 12 e 9, respectivamente.[9]

Em setembro de 2018, a empresa de petróleo brasileira Petrobras fechou um acordo com o Departamento de Justiça americano e o *Securities and Exchange Commission*, a partir do qual pagará uma multa de US$ 853 milhões, como resultado do maior esquema de corrupção investigado pelas autoridades americanas desde 2014. Enquanto isso, no Brasil, após 4 anos em vigor da lei n.º 12.846/2013, somente 30 empresas foram multadas e R$ 18 milhões em multas foram aplicados, dos quais somente R$ 60 mil foram pagos[10].

---

recebeu US$ 1 milhão em pagamentos da Lockheed. Na Itália, supostos pagamentos da Lockheed, Exxon, Mobil Oil e outras corporações a funcionários do governo italiano corroeram o apoio público a esse governo e puseram em risco a política externa dos EUA, não apenas em relação à Itália e à região do Mediterrâneo, mas em relação à aliança inteira da OTAN também (tradução livre).

[9] Transparency International. (2017). Corruption Perceptions Index 2017. Recuperado em 23 junho, 2018 de https://www.transparency.org/news/feature/corruption_perceptions_index_2017.

[10] Roca, G. (2018). Após 4 anos, Lei Anticorrupção aplicou R$ 18 milhões em multas e apenas R$ 60 mil foram pagos. Estadão. Disponível em: https://economia.estadao.com.br/noticias/governanca,apos-4-anos-lei-anticorrupcao-aplicou-r-18-milhoes-em-multas-e-apenas-r-60-mil-foram-pagos,70002237127

LEI ANTICORRUPÇÃO BRASILEIRA Nº 12.846/2013

Em 2013 foi promulgada a Lei Anticorrupção, destinada à responsabilização objetiva administrativa e civil de pessoas jurídicas pela prática de atos contra a administração pública, nacional ou estrangeira. De acordo com Monteiro[11], "o principal objetivo da nova lei era para responsabilizar, da mesma forma, as pessoas jurídicas para atos de corrupção, uma vez que o Código Criminal Brasileiro é aplicável apenas a indivíduos e o ônus da prova é alto em tais casos."

Em 2017, de acordo com o Índice de Percepção de Corrupção Internacional feito pelo *Transparency International*, o Brasil foi classificado como o 96º dos 180 países mais corruptos.[12] Esta classificação indica que o país ainda enfrenta muitos problemas ligados à corrupção.

A lei n.º 12.846/2013 traz a responsabilização objetiva administrativa e civil de pessoas jurídicas pela prática de atos contra a administração pública, nacional ou estrangeira, e se aplica às sociedades empresariais e às sociedades simples, personificadas ou não, independentemente da forma de organização ou modelo societário adotado, bem como a quaisquer fundações, associações de entidades ou pessoas, ou sociedades estrangeiras, que tenham sede, filial ou

---

[11] Monteiro, A. (2015). *Anticorruption in Brazil: How Brazilian companies should deal with requirements of the FCPA and of the Brazilian Anticorruption Act. Ballot, 1(2). p.4. doi:10.12957/ballot.2015.22002*

[12] *Transparency International. (2017). Corruption Perceptions Index 2017. Acessado em 23 junho, 2018 de https://www.transparency.org/news/feature/corruption_perceptions_index_2017*

representação no território brasileiro, constituídas de fato ou de direito, ainda que temporariamente.

Os atos lesivos praticados pelas pessoas jurídicas trazem responsabilização nos âmbitos administrativo e civil, contudo, a responsabilidade individual de dirigentes ou administradores, ou de qualquer pessoa natural, autora, coautora ou partícipe do ato ilícito, não pode ser afastada. As responsabilizações ocorrem de forma independente e os indivíduos somente responderão por atos ilícitos na medida da sua culpabilidade.

Contudo, o complexo mundo de negócios está carregado de incertezas, e a saúde econômica das empresas está sempre em um estado de fluxo em que tudo pode acontecer, e os riscos das grandes mudanças que geram grandes efeitos estão onipresentes. As empresas são vendidas, fechadas, sofrem alterações contratuais, transformações, incorporações, fusões e até cisões societárias. Em casos dessa natureza, existir uma segurança legal é fundamental, e quando atos lesivos são praticados, a lei deve garantir que as partes que praticam os atos ilícitos previstos em lei sejam punidas e, como tal, não fogem das suas responsabilidades.

Apoliana Figueiredo[13] esclarece que:

> A Lei Anticorrupção estabelece que subsistirá a responsabilidade da pessoa jurídica na hipótese de alteração contratual, transformação, incorporação, fusão ou cisão societária (art. 4º).
>
> Nas hipóteses de fusão e incorporação, a Lei dedicou um parágrafo para determinar que a responsabilidade da sucessora será restrita ao pagamento de multa e reparação integral do dano causado, até o limite do patrimônio transferido.
>
> Na fusão e incorporação, a sociedade incorporadora sucede a incorporada, assim como a sociedade resultante da fusão, que sucede as sociedades antigas, em todos os direitos e obrigações. Na mesma direção do Código Civil e da Lei das Sociedades por Ações, a Lei Anticorrupção estabeleceu a responsabilidade da sucessora nas hipóteses de fusão e incorporação, mas restringiu as penas e limitou

---

[13] Figueiredo, A.R. (2017). Pessoa Jurídica Corruptora - Lei 12.8462013. A Revista DIGE - Direito Internacional e Globalização Econômica. V. 2, N. 02. p.45. Disponível em: https://revistas.pucsp.br/index.php/DIGE/article/view/35169

a obrigação pecuniária ao valor do patrimônio transferido na operação. Cumpre destacar que, nas operações de fusão e incorporação todo o patrimônio envolvido é transferido.

Conforme previsão do §1º, artigo 4º da Lei, nas hipóteses de fusão e incorporação, a responsabilidade será restrita à obrigação de pagamento de multa e reparação integral do dano causado até o limite do patrimônio transferido. Não serão aplicáveis à sucessora, as demais sanções previstas decorrentes de atos e fatos ocorridos antes da data da fusão ou incorporação, com exceção no caso de simulação ou evidente intuito de fraude, devidamente comprovados. Ou seja, não serão aplicadas as demais sanções previstas no artigo 18 da lei Anticorrupção, tais como o perdimento de bens, suspensão ou interdição de suas atividades, proibição de receber incentivos de órgãos públicos, dentre outras.

A Lei falhou ao não incluir a cisão nos mesmos moldes das operações de fusão e incorporação. Na cisão há sucessão, a título universal, no caso de cisão total, e sucessão limitada, na hipótese de cisão parcial. A restrição de penalidade conferida para os casos de fusão e incorporação deveria ter sido estendida para as operações de cisão, pois não existe justificativa para o tratamento diferenciado, nesse aspecto, entre todas estas operações.

Os atos lesivos à administração pública, nacional ou estrangeira, assim como todos aqueles atos praticados pelas pessoas jurídicas que atentem contra o patrimônio público nacional ou estrangeiro, contra princípios da administração pública ou contra os compromissos internacionais assumidos pelo Brasil estão enumerados em art. 5 da lei n.º 12.846/2013 e são definidos como:

I - prometer, oferecer ou dar, direta ou indiretamente, vantagem indevida a agente público, ou a terceira pessoa a ele relacionada;

II - comprovadamente, financiar, custear, patrocinar ou de qualquer modo subvencionar a prática dos atos ilícitos previstos nesta Lei;

III - comprovadamente, utilizar-se de interposta pessoa física ou jurídica para ocultar ou dissimular seus reais interesses ou a identidade dos beneficiários dos atos praticados;

IV - no tocante a licitações e contratos:

i) frustrar ou fraudar, mediante ajuste, combinação ou qualquer outro expediente, o caráter competitivo de procedimento licitatório público;

ii) impedir, perturbar ou fraudar a realização de qualquer ato de procedimento licitatório público;

iii) afastar ou procurar afastar licitante, por meio de fraude ou oferecimento de vantagem de qualquer tipo;

iv) fraudar licitação pública ou contrato dela decorrente;

v) criar, de modo fraudulento ou irregular, pessoa jurídica para participar de licitação pública ou celebrar contrato administrativo;

vi) obter vantagem ou benefício indevido, de modo fraudulento, de modificações ou prorrogações de contratos celebrados com a administração pública, sem autorização em lei, no ato convocatório da licitação pública ou nos respectivos instrumentos contratuais;

vii) manipular ou fraudar o equilíbrio econômico-financeiro dos contratos celebrados com a administração pública;

viii) dificultar atividade de investigação ou fiscalização de órgãos, entidades ou agentes públicos, ou intervir em sua atuação, inclusive no âmbito das agências reguladoras e dos órgãos de fiscalização do sistema financeiro nacional.

Existem críticas de que a lei se utiliza de condutas imprecisas que trazem menos segurança jurídica. Patricia Campos[14], a esse respeito, esclarece:

Uma das preocupações trazida pela Lei n° 12.846/2013 consiste na abertura excessiva dos tipos estabelecidos em seu art. 5° A lei se utiliza de condutas imprecisas, que permitem vastas compreensões, garantindo alto grau de subjetividade para a atividade hermenêutica dos intérpretes, o que ocasiona menos segurança jurídica. Os tipos abertos admitem o excesso de subjetividade na sua compreensão e podem prejudicar pessoas jurídicas em virtude das sanções serem intensamente graves e árduas (SANTOS JÚNIOR; PARDINI, 2014). Dessa forma, caberá ao sujeito competente verificar a configuração do ato lesivo à Administração Pública no caso concreto e utilizar-se do princípio da razoabilidade no momento da aplicação da sanção.

Por outro lado, Ferraz[15] argumenta que:

Nesse sentido, a redação do art. 5°, diferentemente dos artigos 9°, 10° e 11° da lei n° 8.429/1992 (cujo rol é exemplificativo), arrola taxativamente as condutas passíveis de penalização nos seus termos. Isto porque o legislador se utilizou da expressão: "assim entendidas" (vide parte final do dispositivo),

---

[14] *Campos, P. (2014). Comentários à Lei no 12.846/2013 – Lei anticorrupção. Revista Digital de Direito Administrativo. p.166. DOI: http://dx.doi.org/10.11606/issn.2319-0558.v2n1p160-185*

[15] *Ferraz, L. (2014). Reflexões sobre a Lei n° 12.846/2013 e seus impactos nas relações público-privadas – Lei de improbidade empresarial e não lei anticorrupção. Revista Brasileira de Direito Público – RBDP, Belo Horizonte, 12 (47). p.39*

deixando ver tratar-se de rol exaustivo.

Igualmente, Marçal Filho[16] entende que:

> *O elenco do art. 5º da Lei 12.846 é exaustivo, mas apenas para os fins da disciplina prevista no referido diploma. Ou seja, existem outras hipóteses de condutas ilícitas, sujeitas a reprovação, não previstas no referido art. 5º. Essas outras manifestações de ilicitude se subordinam a regime jurídico distinto. Deve-se ter em vista que o regime da Lei 12.846 envolve uma responsabilização diferenciada e peculiar, caracterizada pelo sancionamento não apenas à própria pessoa jurídica em cuja órbita foi praticada a conduta reprovável, mas também a outras sociedades (controladoras, controladas e coligadas). Essa responsabilização objetivada e ampla somente incidirá nas hipóteses em que o ilícito for subsumível às hipóteses do art. 5º. Em síntese, não se trata de uma limitação do sancionamento por ilicitude, mas de limitação da incidência do regime sancionatório diferenciado previsto na Lei 12.846.*

A lei n.º 12.846/2013 não apenas responsabiliza as empresas nacionais, mas também as estrangeiras, como os órgãos e entidades estatais ou representações diplomáticas de país estrangeiro, de qualquer nível ou esfera de governo, bem como as pessoas jurídicas controladas, direta ou indiretamente, pelo poder público de país estrangeiro. E igualmente define a figura do agente público estrangeiro, aquele que, ainda que transitoriamente ou sem remuneração, exerça cargo, emprego ou função pública em órgãos, entidades estatais ou em representações diplomáticas de país estrangeiro, assim como em pessoas jurídicas controladas, direta ou indiretamente, pelo poder público de país estrangeiro ou em organizações públicas internacionais.

SANÇÕES

As sanções na esfera administrativa estão previstas em art. 6º da lei nº 12.846/13, estabelecendo multa, no valor de 0,1% (um décimo por cento) a

---

[16] *Filho, M.J. (2017). Entrevista sobre licitações e contratações da Administração Pública. Disponível em:* http://justenfilho.com.br/tags/lei-12846/

20% (vinte por cento) do faturamento bruto do último exercício anterior ao da instauração do processo administrativo, excluídos os tributos, a qual nunca será inferior à vantagem auferida, quando for possível sua estimação e a publicação extraordinária da decisão condenatória.

De acordo com Campos[17], as sanções elevadas fazem com que a empresa se abstenha do ato de corrupção:

> Lei nº 12.846/2013 atua na prevenção, ou seja, busca, por meio de sanções elevadas, fazer com que a empresa se abstenha do ato de corrupção. Limitar o valor da multa ao valor integral do bem ou do serviço contratado seria um retrocesso, pois se a importância pactuada não representasse uma fração valiosa para o patrimônio da empresa, esta poderia continuar a propagar a prática corruptiva sem temer a aplicação de uma penalidade insignificante. Dessa forma, andou bem a Presidência em vetar o referido dispositivo.

Em março de 2015 entrou em vigor o Decreto n.º 8.420, que regulamenta a lei n.º 12.846/2013 nos seguintes aspectos: Responsabilização Administrativa; Sanções Administrativas e Encaminhamentos Judiciais; Acordo de Leniência; Programa de compliance; Cadastro Nacional de Empresas Inidôneas e Suspensas e Cadastro Nacional de Empresas Punidas. O objetivo do Decreto foi regulamentar a responsabilização objetiva administrativa de pessoas jurídicas pela prática de atos contra a administração pública, nacional ou estrangeira, de que trata a lei n.º 12.846/2013.

De acordo com o Decreto, a apuração da responsabilidade administrativa de pessoa jurídica que possa resultar na aplicação das sanções previstas no art. 6º da lei n.º 12.846/2013 será efetuada por meio de Processo Administrativo de Responsabilização - PAR. A competência para a instauração e para o julgamento do PAR é da autoridade máxima da entidade em face da qual foi praticado o ato lesivo, ou, em caso de órgão da administração direta, do seu Ministro de Estado.

O capítulo II do Decreto 8.420/15 estabelece critérios para o cálculo da multa de forma bem mais detalhada.

> Art. 17. O cálculo da multa se inicia com a soma dos valores correspondentes aos seguintes percentuais

[17] Campos, P. (2014). Comentários à Lei no 12.846/2013 – Lei anticorrupção. Revista Digital de Direito Administrativo. p. 169. DOI: http://dx.doi.org/10.11606/issn.2319-0558.v2n1p160-185

do faturamento bruto da pessoa jurídica do último exercício anterior ao da instauração do PAR, excluídos os tributos:

I - um por cento a dois e meio por cento havendo continuidade dos atos lesivos no tempo;

II - um por cento a dois e meio por cento para tolerância ou ciência de pessoas do corpo diretivo ou gerencial da pessoa jurídica;

III - um por cento a quatro por cento no caso de interrupção no fornecimento de serviço público ou na execução de obra contratada;

IV - um por cento para a situação econômica do infrator com base na apresentação de índice de Solvência Geral - SG e de Liquidez Geral - LG superiores a um e de lucro líquido no último exercício anterior ao da ocorrência do ato lesivo;

V - cinco por cento no caso de reincidência, assim definida a ocorrência de nova infração, idêntica ou não à anterior, tipificada como ato lesivo pelo art. 5º da Lei nº 12.846, de 2013, em menos de cinco anos, contados da publicação do julgamento da infração anterior; e

VI - no caso de os contratos mantidos ou pretendidos com o órgão ou entidade lesado, serão considerados, na data da prática do ato lesivo, os seguintes percentuais:

i) um por cento em contratos acima de R$ 1.500.000,00 (um milhão e quinhentos mil reais);

ii) dois por cento em contratos acima de R$ 10.000.000,00 (dez (dez milhões de reais);

iii) três por cento em contratos acima de R$ 50.000.000,00 (cinquenta milhões de reais);

iv) quatro por cento em contratos acima de R$ 250.000.000,00 (duzentos e cinquenta milhões de reais); e

v) cinco por cento em contratos acima de R$ 1.000.000.000,00 (um bilhão de reais).

Conforme o artigo supracitado, o cálculo da multa se inicia com a soma dos valores correspondentes aos percentuais do faturamento bruto do último exercício anterior ao da instauração do PAR, excluídos os tributos. Por outro lado, o art. 18 traz a possibilidade de acudir descontos, sendo destacável a redução de um a quatro por cento do valor da multa em razão da existência de não consumação da infração, colaboração da pessoa jurídica com a investigação ou a apuração do ato lesivo, no caso de comunicação espontânea e de comprovação de que a pessoa jurídica possua e aplique um programa de integridade.

Art. 18. Do resultado da soma dos fatores do art. 17 serão subtraídos os valores correspondentes aos seguintes percentuais do faturamento bruto da pessoa jurídica do último exercício anterior ao da instauração do PAR, excluídos os tributos:

I - um por cento no caso de não consumação da infração;

II - um e meio por cento no caso de comprovação de ressarcimento pela pessoa jurídica dos danos a que tenha dado causa;

III - um por cento a um e meio por cento para o grau de colaboração da pessoa jurídica com a investigação ou a apuração do ato lesivo, independentemente do acordo de leniência;

IV - dois por cento no caso de comunicação espontânea pela pessoa jurídica antes da instauração do PAR acerca da ocorrência do ato lesivo; e

V - um por cento a quatro por cento para comprovação de a pessoa jurídica possuir e aplicar um programa de integridade, conforme os parâmetros estabelecidos no Capítulo IV.

Campos[18] esclarece que se a importância pactuada não representasse uma fração valiosa para o patrimônio da empresa, esta poderia continuar a propagar a prática corruptiva sem temer a aplicação de uma penalidade insignificante:

A Lei nº 12.846/2013 atua na prevenção, ou seja, busca, por meio de sanções elevadas, fazer com que a empresa se abstenha do ato de corrupção. Limitar o valor da multa ao valor integral do bem ou do serviço contratado seria um retrocesso, pois se a importância pactuada não representasse uma fração valiosa para o patrimônio da empresa, esta poderia continuar a propagar a prática corruptiva sem temer a aplicação de uma penalidade insignificante. Dessa forma, andou bem a Presidência em vetar o referido dispositivo.

Outro aspecto da multa na esfera administrativa mencionada acima foi a publicação da decisão condenatória na forma de extratos de sentença, a expensas da pessoa jurídica, em meios de comunicação de grande circulação na área da prática da infração e de atuação da pessoa jurídica ou, na sua falta, em publicação de circulação nacional, bem como por meio de afixação de edital, pelo prazo mínimo de 30 (trinta) dias, no próprio estabelecimento ou no local de exercício da atividade, de modo visível ao público, e no sítio eletrônico na rede mundial de computadores.

---

[18] Campos, P. (2014). Comentários à Lei no 12.846/2013 – Lei anticorrupção. *Revista Digital de Direito Administrativo.* p. 169. DOI: *http://dx.doi.org/10.11606/issn.2319-0558.v2n1p160-185*

Negrão e Pontelo[19] esclarecem a gravidade que pode ser causada pela sanção da publicação e seus efeitos negativos:

> Evidencia-se por conseguinte, além do caráter punitivo, com sanções elevadas que impactam diretamente o caixa das organizações, a divulgação da sanção em veículos de comunicação de grande circulação acarretará mais um agravante: representado pelo dano à imagem organizacional, o que em muitos casos é ainda mais irreversível que o dano financeiro.

Quando a apuração da responsabilidade administrativa leva à aplicação das sanções, as seguintes considerações serão levadas em conta: a gravidade da infração; a vantagem auferida ou pretendida pelo infrator; a consumação ou não da infração; o grau de lesão ou perigo de lesão; o efeito negativo produzido pela infração; a situação econômica do infrator; a cooperação da pessoa jurídica para a apuração das infrações; a existência de mecanismos e procedimentos internos de integridade, auditoria e incentivo à denúncia de irregularidades e a aplicação efetiva de códigos de ética e de conduta no âmbito da pessoa jurídica; o valor dos contratos mantidos pela pessoa jurídica com o órgão ou entidade pública lesados.

A competência para a instauração e o julgamento do processo administrativo de apuração de responsabilidade da pessoa jurídica cabem à autoridade máxima de cada órgão ou entidade dos Poderes Executivo, Legislativo e Judiciário.

No âmbito do Poder Executivo Federal, a Controladoria-Geral da União (CGU) goza da competência para instaurar processos administrativos de responsabilização de pessoas jurídicas.

O processo administrativo para apuração de responsabilidade é conduzido por comissão designada pela autoridade instauradora e composta por 2 (dois) ou mais servidores estáveis. O processo deve ser concluído no prazo de 180 dias. O acusado terá 30 dias para apresentar a defesa. O processo será julgado para apurar a responsabilidade legal e as sanções serão aplicadas.

---

[19] Negrão, C.L, Pontelo, J. (2015). Os Reflexos da Lei 12.846/2013, Conhecida Como Lei Anticorrupção, Na Administração Pública. Disponível em: https://www.correios.com.br/sobre-os-correios/a-empresa/revista-de-estudo-de-direito-postal-da-ect/edicoes-anteriores/pdf/2015/2OSREFLEXOSDALEI_versoll_11_2015.pdf

ACORDOS DE LENIÊNCIA

A Lei Anticorrupção permite que os acordos de leniência sejam celebrados pelas autoridades máximas de cada órgão ou entidade pública. No âmbito do Poder Executivo Federal, bem como no caso de atos lesivos praticados contra a administração pública estrangeira, a Controladoria-Geral da União detém a competência para a celebração dos acordos. Os infratores precisam colaborar efetivamente com as investigações e o processo administrativo, mas não somente isso; a colaboração tem que trazer resultados. Por exemplo, quando houver outros infratores, estes precisam ser identificados, ademais, provas na forma de informação ou documentos precisam ser entregues. Do mesmo modo, existem pré-requisitos que precisam ser preenchidos para que o acordo seja válido. A pessoa jurídica precisa ser a primeira a se manifestar com o objetivo de cooperar com as autoridades. Igualmente, a pessoa jurídica precisa descontinuar completamente o seu envolvimento no ato ilícito a partir da data de propositura do acordo, além de assumir a participação no ato ilícito e cooperar com as investigações e os processos administrativos.

Qual seria a vantagem em celebrar o acordo com as autoridades? Primeiramente, o acordo isentará a pessoa jurídica das sanções previstas no inciso II do art. 6º e no inciso IV do art. 19º, sendo eles: a publicação extraordinária da decisão condenatória e a proibição de receber incentivos, subsídios, subvenções, doações ou empréstimos de órgãos ou entidades públicas e de instituições financeiras públicas ou controladas pelo poder público, pelo prazo mínimo de 1 (um) e máximo de 5 (cinco) anos. Adicionalmente, a redução em até 2/3 (dois terços) do valor da multa é aplicável.

É importante destacar que o acordo não absolve a pessoa da obrigação de reparar integralmente o dano se ocorrer um descumprimento; a pessoa jurídica ficará impedida de celebrar novo acordo pelo prazo de 3 (três) anos contados do conhecimento pela administração pública do referido descumprimento.

A pessoa jurídica, uma empresa, por exemplo, que cometer atos ilícitos previstos nesta lei pode não somente ser processada e julgada na esfera administrativa pela CGU, como também ser responsabilizada pelos seus atos na esfera judicial. A União, os Estados, o Distrito Federal e os Municípios detêm a autoridade para ajuizar uma ação judicial neste caso por meio de suas respectivas advocacias públicas.

As sanções na esfera judicial incluem: perda dos bens, direitos ou valores que representem vantagem ou proveito direta ou indiretamente obtidos da infração; suspensão ou interdição parcial de suas atividades; dissolução compulsória da pessoa jurídica; e a proibição de receber incentivos, subsídios, subvenções, doações ou empréstimos de órgãos ou entidades públicas e de instituições financeiras públicas ou controladas pelo poder público, pelo prazo mínimo de 1 (um) e máximo de 5 (cinco) anos.

Com o objetivo de trazer mais transparência, foi criado, no âmbito do Poder Executivo Federal, o Cadastro Nacional de Empresas Punidas (CNEP), que reunirá e dará publicidade às sanções aplicadas pelos órgãos ou entidades dos Poderes Executivo, Legislativo e Judiciário de todas as esferas de governo com base nesta Lei. Adicionalmente, o cadastro conterá os acordos de leniência celebrados e dados a respeito dos descumprimentos.

U.S. FOREIGN CORRUPT PRACTICES ACT

Em 1976, o Congresso Americano, por meio do *Committee on Banking, Housing and Urban Affairs*, realizou extensas audiências a respeito de pagamentos indevidos e práticas ilegais realizados por corporações americanas a dirigentes governamentais no exterior. A *Securities and Exchange Commission* (SEC), Comissão de Valores Mobiliários dos EUA, em seu relatório "*Report on Questionable and Illegal Corporate Payments and Practices*" entregue ao *Committee on Banking, Housing and Urban Affairs*, relatou as investigações sobre o indevido uso de recursos corporativos, revelando assim que tais pagamentos de fato eram generalizados, tendo representado graves brechas no funcionamento do Sistema da Comissão e, correspondentemente, na confiança do público na integridade do sistema de formação de capital.[20]

De acordo com o relatório apresentado pelo congresso em 1977, mais de 400 empresas admitiram efetuar pagamentos questionáveis ou ilegais. As empresas, a maioria delas voluntariamente, relataram que pagaram mais de US$ 300 milhões em subornos a funcionários do governo no exterior, políticos e partidos políticos. Segundo o relatório, das empresas envolvidas, 117 faziam parte das principais indústrias da Fortune 500.[21] Os abusos variavam de subornos até pagamentos de facilitação e eram realizados a fim de garantir algum tipo de

---

[20] *House of Representatives. (1977). Domestic and Foreign Investment Improved Disclosure Acts of 1977. Senate Report 95-114. Disponível em: https://www.justice.gov/sites/default/files/criminal-fraud/legacy/2010/04/11/senaterpt-95-11*

[21] *House of Representatives. (1977) Unlawful Corporate Payments Act of 1997. House Report 95-640. Disponível em: https://www.justice.gov/sites/default/files/criminal-fraud/legacy/2010/04/11/houseprt-95-640.pdf*

tratamento favorável.

O Congresso Americano, em 1997, passou o *U.S. Foreign Corrupt Practices Act* para combater a corrupção, decorrente de subornos a dirigentes governamentais no exterior pelas empresas americanas.

Stanley Sporkin[22], advogado que trabalhou na criação da FCPA, relembra:

> *Both the SEC investigations and the idea for the FCPA arose out of Congressional testimony at the tail end of the famous Watergate hearings. At the time, I was Director of the SEC's Division of Enforcement. In those days, the Watergate hearings were great television fare. In the evening hours, I followed the daily replays of the hearings very closely. The testimony was absolutely fascinating. To a trial lawyer it was real theater. After all the dynamic revelations concerning the President's relationship to some third-rate burglary, a group of corporate officials testified to the making of political contributions to President Nixon's re-election campaign. The corporate officials offered no great revelations compared to those presented in the testimony of "All the President's Men."[23]*

Sporkin, em parágrafo acima, relembra que tanto as investigações da SEC como a ideia para o FCPA surgiram de depoimento no Congresso no fim das famosas audiências do caso Watergate, em que um grupo de autoridades corporativas testemunhou a realização de contribuições políticas para a campanha de reeleição do presidente Nixon.

---

[22] *Sporkin, S. (1997-1998). The Worldwide Banning of Schmiergeld: A Look at the Foreign Corrupt Practices Act on its Twentieth Birthday, 18 Nw. J. Int'l L. & Bus. 269. p.271. Disponível em* https://scholarlycommons.law.northwestern.edu/cgi/viewcontent.cgi?referer=https://www.google.com/&httpsredir=1&article=1473&context=njilb

[23] *Ambas as investigações da SEC e a ideia para o FCPA surgiram de depoimento no Congresso no fim das famosas audiências do caso Watergate. Na época, eu era diretor da Divisão de Execução da SEC. Naqueles dias, as audiências de Watergate eram ótimas formas de entretenimento na televisão. À noite, acompanhei de perto os replays diários das audiências. O testemunho foi absolutamente fascinante. Para um advogado de julgamento, era teatro de verdade. Depois de todas as revelações dinâmicas sobre o relacionamento do presidente com algum roubo de terceira categoria, um grupo de autoridades corporativas testemunhou a realização de contribuições políticas para a campanha de reeleição do presidente Nixon. As autoridades corporativas não ofereceram grandes revelações em comparação com as apresentadas no testemunho de "Todos os Homens do Presidente" (tradução livre).*

A FCPA originalmente consistia em três previsões principais. A primeira disposição importante alterou a Seção 13 (b) 3 do *Securities Exchange Act of 1934*, exigindo aos emissores registrados na SEC que mantivessem livros, registros e contas que registrassem com precisão os pagamentos e transações corporativos. A segunda exigiu que os emissores instituíssem e mantivessem controle contábil, para assegurar não somente o controle, mas também a autoridade e responsabilidade da administração sobre os ativos da empresa. Finalmente, a terceira proibia qualquer oferta ou promessa de pagamento, de qualquer valor, se a pessoa que oferecesse o item entendesse que parte do item seria concedido ou prometido a um funcionário estrangeiro ou a um partido político estrangeiro com o propósito de influenciar uma decisão de governo.[24]

O Congresso considerou a aprovação da FCPA como passo fundamental para impedir as práticas de atos ilícitos envolvendo pagamentos ilícitos. De acordo com os representantes, esses atos prejudicaram a imagem das empresas norte-americanas, bem como a confiança do público na integridade financeira das empresas dos EUA e, ainda, o funcionamento eficiente dos mercados, gerando ineficiências e instabilidades.[25] Devido aos altos índices de corrupção a possibilidade de haver maiores perdas eram iminentes, portanto, o objetivo do Congresso era não somente minimizar os seus efeitos destrutivos, mas também ajudar as empresas a combatê-la.

A lei inicialmente sofreu críticas, que tinham mais a ver com a posição do governo e a execução do seu poder. A esse respeito, Sporkin[26] relata:

> *Many cynics viewed the United States' attempt to ban all forms of corporate bribery as another*

---

[24] Seitzinger, M,V. (2016). *Foreign Corrupt Practices Act (FCPA): Congressional Interest and Executive Enforcement, In Brief.* Congressional Research Service 7-5700. p.1. Disponível em: https://fas.org/sgp/crs/misc/R41466.pdf

[25] House of Representatives. (1977) *Unlawful Corporate Payments Act of 1997.* House Report 95-640. Disponível em: https://www.justice.gov/sites/default/files/criminal-fraud/legacy/2010/04/11/houseprt-95-640.pdf

[26] Sporkin, S. (1997).*The Worldwide Banning of Schmiergeld: A Look at the Foreign Corrupt Practices Act on its Twentieth Birthday.* Northwestern Journal of International Law and Business.18, 270. Recuperado em 23 agosto, 2018 de http://www.anpad.org.br/rac/rac-guia-apa.pdf

example of the federal government's taking on the role of Don Quixote and tilting at windmills. While the law may not have been taken seriously when it was first enacted, it is clear that it has assumed a prominent place among our federal criminal laws. According to a recent article in the Wall Street Journal, the FCPA remains "the world's toughest law against foreign bribes". This article will provide background as to how the law was conceived and will discuss the law's present and future status.[27]

Devido a essa e outras críticas, a FCPA foi emendada em 1988; as três principais partes foram mantidas, mas a lei sofreu ajustes significativos. Seitzinger[28] reflete, no tocante às mudanças:

The amendments maintained the three major parts of the 1977 Act, but significant changes were made. One of these changes enacted a "knowing" standard in order to find violations of the act. This standard was intended to encompass "conscious disregard" and "willful blindness." The amendments provided certain defenses against finding violations of the act, such as that the gift is lawful under the laws of the foreign country and that the gift is a bona fide and reasonable expenditure or for the performance or execution of a contract with the foreign government. In 1998 the act was further amended in order to implement the Organization of Economic Cooperation and Development Convention on Combating Bribery of Foreign Public Officials in International Business Transactions. These amendments expanded the scope of coverage to include some foreign persons and extended jurisdiction beyond the borders of the United States.[29]

---

[27] *Muitos céticos viram a tentativa dos Estados Unidos de banir todas as formas de suborno corporativo como outro exemplo do governo federal assumindo o papel de Dom Quixote e "lutando contra moinhos de vento". Embora a lei possa não ter sido levada a sério quando foi promulgada pela primeira vez, fica claro que ela assumiu um lugar de destaque entre as leis criminais federais. De acordo com um artigo recente no Wall Street Journal, a FCPA continua sendo "a lei mais dura do mundo contra subornos estrangeiros". Este artigo fornecerá informações sobre como a lei foi concebida e discutirá o status atual e futuro da lei. (tradução livre)*

[28] *Seitzinger, M,V. (2016). Foreign Corrupt Practices Act (FCPA): Congressional Interest and Executive Enforcement, In Brief. Congressional Research Service 7-5700. Summary. Disponível em: https://fas.org/sgp/crs/misc/R41466.pdf*

[29] *As emendas mantiveram as três partes principais do Ato de 1977, mas mudanças significativas foram feitas. Uma dessas mudanças promulgou um padrão de "conhecimento" para encontrar violações do ato. Essa norma pretendia abranger a "desconsideração consciente" e a "cegueira voluntária". As emendas forneciam certas defesas contra a descoberta de violações do ato, como a de que a benesse é legal sob as leis do país estrangeiro,*

Em 1998, a lei sofreu outra alteração com o objetivo de implementar a Convenção Antissuborno da Organização de Cooperação e Desenvolvimento Econômico (OCDE). As emendas expandiram o escopo da FCPA para: (1) incluir pagamentos feitos para garantir "qualquer vantagem indevida"; (2) englobar estrangeiros que cometem um ato em favor de suborno enquanto nos Estados Unidos; (3) cobrir organizações internacionais públicas na definição de "funcionário estrangeiro"; (4) adicionar uma base alternativa para a jurisdição baseada na nacionalidade; e (5) aplicar penas criminais a cidadãos estrangeiros empregados ou agindo como agentes de empresas dos EUA.[30]

PROVISÕES ANTISSUBORNO E CONTÁBEIS

A FCPA contém dois mecanismos: as provisões antissuborno, que buscam combater a corrupção; e as provisões contábeis, que estabelecem requisitos para a manutenção de registros e controle interno e a proibição de falsificação dos livros e registros empresariais. De acordo com a lei, todo emissor deverá preparar e manter livros contábeis, registros e contas que, com um nível razoável de detalhe, reflitam de forma completa e precisa as transações e as disposições dos ativos do emissor, além de criar e manter um sistema interno de controles contábeis:

---

que a oferta é uma despesa legítima e razoável, ou que é para o desempenho ou execução de um contrato com o governo estrangeiro. Em 1998, a lei foi novamente alterada para implementar a Convenção da Organização de Cooperação e Desenvolvimento Econômico sobre o Combate ao Suborno de Funcionários Públicos Estrangeiros em Transações Comerciais Internacionais. Essas emendas expandiram o escopo da cobertura para incluir algumas pessoas estrangeiras e ampliar a jurisdição além das fronteiras dos Estados Unidos. (SEITZINGER, 2016, tradução livre)

[30] Criminal Division of the U.S. Department of Justice and the Enforcement Division of the U.S. Securities and Exchange Commission. (2012). A Resource Guide to the U.S. Foreign Corrupt Practices Act. p.4. Disponível em: https://www.justice.gov/sites/default/files/criminal-fraud/legacy/2015/01/16/guide.pdf

§ 78m. Relatórios periódicos e outros

[...]

(b) Forma de relatório; livros contábeis, registros e contabilidade interna; diretivas (2) Todo emissor que possua uma classe de valores mobiliários registrados de acordo com a seção 78l deste título e todo emissor obrigado a apresentar relatórios de acordo com a seção 78o(d) deste título, deverá — (A) preparar e manter livros contábeis, registros e contas que, com um nível razoável de detalhe, reflitam de forma completa e precisa as transações e as disposições dos ativos do emissor; e (B) criar e manter um sistema interno de controles contábeis, suficiente para fornecer garantias razoáveis de que (i) as transações sejam executadas de acordo com a autorização geral ou específica da direção da empresa; (ii) as transações sejam registradas conforme necessário para (I) permitir o preparo de demonstrações financeiras em conformidade com os princípios contábeis geralmente aceitos ou quaisquer outros critérios aplicáveis a tais demonstrações e (II) manter uma prestação de contas dos ativos; (iii) o acesso aos ativos seja permitido somente de acordo com a autorização geral ou específica da direção da empresa; e (iv) o registro de prestação de contas dos ativos seja comparado com os ativos existentes a intervalos razoáveis e que as medidas apropriadas sejam tomadas com respeito a quaisquer diferenças.

Adicionalmente, as disposições antissuborno da FCPA, postas de uma forma simples, proíbem qualquer oferta ou promessa de pagamento, de qualquer valor, se a pessoa que oferece o item entender que a parte do item será concedida ou prometida a um funcionário estrangeiro ou a um partido político estrangeiro com o propósito de influenciar uma decisão do governo.

§ 78dd-1 [Seção 30A da Lei de Mercado de Capitais (Securities & Exchange Act) dos EUA, de 1934. Práticas comerciais proibidas a emissores no exterior.

(a) Proibição

É proibido a um emissor que possua uma classe de valores mobiliários registrados de acordo com a seção 78l deste título ou que seja obrigado a apresentar relatórios nos termos da seção 78o(d) deste título, ou a qualquer dirigente, diretor, funcionário ou agente de tal emissor, ou a qualquer acionista do mesmo que aja em nome do dito emissor, fazer uso dos correios ou de qualquer outro meio ou organismo governamental de comércio interestadual, de forma corrupta, para promover uma oferta, pagamento, promessa de pagamento ou autorização de pagamento de qualquer soma em dinheiro, ou oferta, doação ou promessa de doação, ou ainda uma autorização de doação de qualquer item de valor a -- (1) qualquer dirigente estrangeiro, com o fim de -- (A) (i) influenciar qualquer ato ou decisão de tal dirigente estrangeiro em sua capacidade oficial, (ii) induzir tal dirigente estrangeiro a realizar ou deixar de realizar qualquer ação em violação à sua obrigação legal, ou (iii) garantir qualquer vantagem indevida; ou (B) induzir tal dirigente estrangeiro ao uso de sua influência perante um governo estrangeiro ou organismo governamental para afetar ou influenciar qualquer ato ou decisão de tal governo ou organismo e, assim, ajudar tal emissor a obter e manter negócios para qualquer pessoa ou direcionar negócios a essa pessoa; (2) qualquer partido político estrangeiro ou a dirigente do mesmo ou a qualquer candidato a cargo político estrangeiro para fins de -- (A) (i) influenciar qualquer ato ou decisão de tal partido, dirigente ou candidato em sua capacidade oficial, (ii) induzir tal partido, dirigente ou candidato a realizar ou deixar de realizar um ato, em violação da obrigação legal de tal partido, dirigente ou candidato, ou (iii) garantir a obtenção de alguma vantagem indevida; ou (B) induzir tal partido, dirigente ou candidato a usar sua influência perante um governo ou organismo governamental para afetar ou influenciar qualquer ato ou decisão de tal governo ou organismo governamental e, assim, ajudar o dito emissor na obtenção ou manutenção de negócios para qualquer pessoa ou direcionar negócios para essa pessoa; ou (3) qualquer pessoa, sabendo que toda ou parte de tal soma em dinheiro ou item de valor será direta ou indiretamente oferecido, doado ou prometido a qualquer dirigente estrangeiro, partido político estrangeiro ou dirigente do mesmo, ou a qualquer candidato a cargo político estrangeiro, para fins de -- (A) (i) influenciar qualquer ato ou decisão de tal dirigente, partido político, dirigente de partido político ou candidato de partido político no exterior, em sua capacidade oficial, (ii) induzir tal dirigente, partido político, dirigente de partido, ou candidato de partido no exterior a realizar ou deixar de realizar qualquer ato, em violação da obrigação legal de tal dirigente, partido político, dirigente de partido ou candidato de partido político no exterior, ou (iii) garantir a obtenção de alguma vantagem indevida; ou (B) induzir tal dirigente, partido político, dirigente de partido político ou candidato de partido político no exterior a usar sua influência junto a governos ou organismos governamentais no exterior para afetar ou influenciar qualquer ato ou decisão de tal governo ou organismo governamental e, assim, ajudar o dito emissor na obtenção ou manutenção de negócios para qualquer pessoa ou direcionar negócios a essa pessoa.[31]

A Lei busca impedir incentivos inapropriados a funcionários estrangeiros em conexão com atividades comerciais que podem influenciar qualquer ato ou decisão ou induzir o dirigente a deixar ou não de realizar as suas

---

[31] *Criminal Division of the U.S. Department of Justice and the Enforcement Division of the U.S. Securities and Exchange Commission. (2012). A Resource Guide to the U.S. Foreign Corrupt Practices Act. Disponível em: https://www.justice.gov/sites/default/files/criminal-fraud/legacy/2015/01/16/guide.pdf*

obrigações e, ao mesmo tempo, garantir qualquer vantagem indevida.

A FCPA é aplicada a três categorias de pessoas e entidades: 1) emissores e qualquer dirigente, diretor, funcionário, agente ou acionista; (2) "dirigente estrangeiro"[32] e qualquer dirigente, diretor, funcionário, agente ou acionista; e (3) certas pessoas e entidades, além dos emissores e "dirigente estrangeiro", atuando no território dos Estados Unidos.[33]

De acordo com a lei[34], a empresa é considerada "emissora" se tiver uma classe de valores mobiliários registrados de acordo com a Seção 12 do *Exchange Act* ou for obrigada a submeter relatórios periódicos e outros com a SEC nos termos da Seção 15 (d) do *Exchange Act*.

Em termos mais simples, o *U.S. Department of Justice* (DOJ) explica que:

(...) qualquer empresa com uma classe de valores mobiliários listados em uma bolsa de valores nacional nos Estados Unidos, ou qualquer empresa com uma classe de títulos cotados no mercado de balcão nos Estados Unidos e obrigada a submeter relatórios periódicos na SEC, são emissores. Uma empresa, portanto, não precisa ser uma empresa dos EUA para ser uma emissora. As empresas estrangeiras com American Depository Receipts que estão listadas em uma bolsa de valores dos EUA também são emissores. Em 31 de dezembro de 2011, 965 empresas estrangeiras estavam registradas na SEC. Diretores, conselheiros, funcionários, agentes ou acionistas que agiam em nome da SEC, um emissor (seja ele norte-americano ou estrangeiro), e quaisquer co-conspiradores, também podem ser

---

[32] *O termo "dirigente estrangeiro" significa qualquer dirigente ou funcionário oficial de um governo estrangeiro ou de qualquer ministério, departamento, órgão ou organismo governamental do mesmo, ou de uma organização pública internacional, ou qualquer pessoa agindo em qualidade oficial para um governo, ministério, departamento, órgão ou organismo governamental ou em nome destes, ou ainda para uma organização pública internacional ou em nome desta. Disponível em: https://www.justice.gov/sites/default/ files/criminal-fraud/legacy/2012/11/14/fcpa-portuguese.pdf*

[33] *THE FOREIGN CORRUPT PRACTICES ACT: 15 U.S.C. §§ 78dd-1, 78dd-2, 78dd-3, 78m, 78ff. 15 U.S.C.*

[34] *Criminal Division of the U.S. Department of Justice and the Enforcement Division of the U.S. Securities and Exchange Commission. (2012). A Resource Guide to the U.S. Foreign Corrupt Practices Act. p.11. Disponível em: https://www.justice.gov/sites/default/files/criminal-fraud/legacy/2015/01/16/guide.pdf*

processados sob a FCPA.[35]

Sob a segunda classificação, encontra-se a figura dos *"domestic concerns"*. Essa classificação engloba qualquer indivíduo que seja cidadão, nacional ou residente dos Estados Unidos; qualquer corporação, parceria, associação, sociedade anônima, empresa fiduciária, organização sem personalidade jurídica ou sociedade unipessoal que esteja organizada sob as leis dos Estados Unidos ou seus estados, territórios, possessões ou comunidades; ou que tenha seu principal local de negócios nos Estados Unidos.[36]

Quando a lei estava sendo escrita, o Comitê pretendia que a FCPA abrangesse não somente as empresas americanas, mas também as suas subsidiárias internacionais. Dessa forma, o Comitê decidiu, a respeito das subsidiárias:

> The committee found it appropriate to extend the coverage of the bill to non-U.S. based subsidiaries because of the extensive use of such entities as a conduit for questionable or improper foreign payments authorized by their domestic parent. (2) The committee believes this extension of U.S. jurisdiction to so-called foreign subsidiaries is necessary if the legislation is to be an effective deterrent to foreign bribery. Failure to include such subsidiaries would only create a massive loophole in this legislative scheme through which millions of bribery dollars will continue to flow. The Committee believes that the qualified extraterritorial application of this bill clearly supported by the legislative principles of international law.[37]

---

[35] *Criminal Division of the U.S. Department of Justice and the Enforcement Division of the U.S. Securities and Exchange Commission. (2012). A Resource Guide to the U.S. Foreign Corrupt Practices Act. p.11. Disponível em: https://www.justice.gov/sites/default/files/criminal-fraud/legacy/2015/01/16/guide.pdf*

[36] *15 U.S.Code § 78dd-2(h)(1) Prohibited foreign trade practices by domestic concerns*

[37] *House of Representatives. (1977) Unlawful Corporate Payments Act of 1997. House Report 95-640. Disponível em: https://www.justice.gov/sites/default/files/criminal-fraud/legacy/2010/04/11/houseprt-95-640.pdf*

O comitê considerou apropriado estender a cobertura do projeto de lei a subsidiárias de fora dos EUA devido ao uso extensivo de tais entidades como um canal para pagamentos estrangeiros questionáveis ou impróprios autorizados por seus controladores domésticos. (2) O comitê acredita que essa extensão da jurisdição dos EUA às chamadas subsidiárias estrangeiras é necessária para que a legislação seja um dissuasor eficaz contra o suborno estrangeiro. A falha em incluir tais subsidiárias criaria apenas uma

Desde 1998, as disposições antissuborno da FCPA aplicam-se a pessoas estrangeiras e entidades não emissoras estrangeiras que, diretamente ou através de um agente, se envolvam em qualquer ato de pagamento corrupto (ou uma oferta, promessa ou autorização de pagamento) enquanto estiverem no território dos Estados Unidos.[38]

Resumidamente, a lei proíbe pagamento de subornos aos dirigentes governamentais. A lei proíbe, ainda, fazer uso dos correios ou de qualquer outro meio e instrumentos de comunicação de comércio interestadual, de forma corrupta, para promover uma oferta, pagamento, promessa de pagamento ou autorização de pagamento de qualquer soma em dinheiro; ou oferta, doação ou promessa de doação, ou ainda uma autorização de doação de qualquer item de valor a qualquer dirigente estrangeiro.

Segundo Sarah M. Gordon apud Coelho, "a FCPA foi intencionalmente redigida para abranger ampla gama de condutas corruptas, tornando-se poderoso instrumento contra atividades criminosas que de outra forma seriam difíceis de combater".[39]

Para violar a FCPA, a oferta, pagamento, promessa de pagamento ou autorização de pagamento de qualquer soma em dinheiro, ou oferta, doação ou promessa de doação, ou ainda uma autorização de doação precisa ser feita de "forma corrupta". No relatório *"UNLAWFUL CORPORATE PAYMENTS ACT OF 1977"*, o Congresso esclarece a intenção através da utilização da expressão "de forma corrupta":

---

brecha maciça neste esquema legislativo através do qual milhões de dólares de suborno continuariam a fluir. O Comitê acredita que a aplicação extraterritorial qualificada deste projeto é claramente apoiada pelos princípios legislativos do direito internacional (tradução livre).

[38] *Criminal Division of the U.S. Department of Justice and the Enforcement Division of the U.S. Securities and Exchange Commission. (2012). A Resource Guide to the U.S. Foreign Corrupt Practices Act.p.11. Disponível em: https://www.justice.gov/sites/default/files/criminal-fraud/legacy/2015/01/16/guide.pdf*

[39] *Coelho, N., Helimara M.H. (2017). Foreign Corrupt Practices Act: Uma breve análise da lei que deu origem ao combate internacional da corrupção. Revista Jurídica. vol. 01, n°. 46, Curitiba.160. Recuperado em 20 agosto, 2018 de http://revista.unicuritiba.edu.br/index.php/RevJur/article/viewFile/2004/1285*

The word "corruptly" is used in order to make clear that the offer, payment, promise, or gift, must be intended to induce the recipient to misuse his official position; for example, wrongfully to direct business to the payor or his client, to obtain preferential legislation or regulations, or to induce a foreign official to fail to perform an official function. The word "corruptly" connotes an evil motive or purpose such as that required under 18 U.S.C. 201(b) which prohibits domestic bribery. As in 18 U.S.C. 201(b), the word "corruptly" indicates an intent or desire wrongfully to influence the recipient. It does not require that the act he fully consummated or succeed in producing the desired outcome.[40]

De acordo com a FCPA[41], o suborno tem a finalidade de influenciar e induzir:

1. (A) (i) influenciar qualquer ato ou decisão de tal dirigente estrangeiro na sua qualidade oficial, (ii) induzir tal dirigente estrangeiro a realizar ou deixar de realizar qualquer ato, em violação à obrigação legal de tal dirigente, ou (iii) garantir a obtenção de qualquer vantagem indevida; ou (B) induzir tal dirigente estrangeiro a usar a sua influência junto a um governo estrangeiro ou organismo governamental para afetar ou influenciar qualquer ato ou decisão de tal governo ou organismo governamental, para ajudar tal empreendimento nacional a obter ou manter um negócio para qualquer pessoa ou direcionar um negócio a essa pessoa;

(2) qualquer partido político estrangeiro ou dirigente do mesmo ou um candidato a cargo político no exterior, com o fim de --

---

[40] *House of Representatives. (1977) Unlawful Corporate Payments Act of 1997. House Report 95-640. Disponível em: https://www.justice.gov/sites/default/files/criminal-fraud/legacy/2010/04/11/houseprt-95-640.pdf*

A palavra "corruptamente" é usada para deixar claro que a oferta, pagamento, promessa ou presente deve ser destinado a induzir o destinatário a fazer mau uso de sua posição oficial; por exemplo, indevidamente direcionar negócios para o pagador ou seu cliente, para obter legislação ou regulamentos preferenciais, ou para induzir uma autoridade estrangeira a deixar de desempenhar uma função oficial. A palavra "corruptamente" conota um motivo ou propósito maligno, como o exigido em 18 U.S.C. 201 (b), que proíbe o suborno doméstico. Como em 18 U.S.C. 201 (b), a palavra "corruptamente" indica uma intenção ou desejo de influenciar incorretamente o destinatário. Não requer que o ato tenha sido consumado completamente ou tenha havido sucesso em produzir o resultado desejado (tradução livre).

[41] *Cláusulas Anti-Suborno e sobre Livros e Registros Contábeis da Lei Americana Anti-Corrupção no Exterior. Disponível em: https://www.justice.gov/sites/default/files/criminal-fraud/legacy/2012/11/14/fcpa-portuguese.pdf*

(A) (i) influenciar qualquer ato ou decisão de tal partido, dirigente ou candidato em sua qualidade oficial, (ii) induzir tal partido, dirigente ou candidato a realizar ou deixar de realizar uma ação, em violação à obrigação legal de tal partido, dirigente ou candidato, ou (iii) garantir a obtenção de qualquer vantagem indevida; ou

(B) induzir tal partido, dirigente ou candidato a usar a sua influência junto a um governo estrangeiro ou organismo governamental para afetar ou influenciar qualquer ato ou decisão de tal governo ou organismo governamental, para ajudar tal empreendimento nacional na obtenção ou manutenção de negócio para qualquer pessoa ou direcionar negócio a essa pessoa;

(3) qualquer pessoa, sabendo que o total ou parte de tal soma em dinheiro ou item de valor será direta ou indiretamente oferecido, doado ou prometido a qualquer dirigente estrangeiro, partido político ou dirigente do mesmo no exterior, ou a qualquer candidato a cargo político no exterior, com o fim de —

(A) (i) influenciar qualquer ato ou decisão de tal dirigente, partido político, dirigente de partido político ou candidato de partido político no exterior, em sua qualidade oficial, (ii) induzir tal dirigente, partido político, dirigente ou candidato de partido no exterior a realizar ou deixar de realizar qualquer ato, em violação à obrigação legal de tal dirigente, partido político, dirigente ou candidato de partido político no exterior, ou (iii) garantir a obtenção de qualquer vantagem indevida; ou

(B) induzir tal dirigente, partido político, dirigente ou candidato de partido político estrangeiro a usar sua influência junto a um governo estrangeiro ou organismo governamental para afetar ou influenciar qualquer ato ou decisão de tal governo ou organismo, para ajudar tal empreendimento nacional na obtenção ou manutenção de negócios para qualquer pessoa ou para direcionar negócios a essa pessoa.

Há exceções, quando se trata de "facilitation payments", isto é, pagamentos feitos a um dirigente, partido político ou dirigente de partido político estrangeiro para fins de agilizar ou garantir a realização de uma ação governamental de rotina por um dirigente, partido político ou dirigente de partido político estrangeiro.[42]

Como mencionado acima, esses tipos de pagamentos são chamados de pagamentos de facilitação e são permitidos de acordo com as cláusulas §78dd-1, f, 3 da FCPA:

---

[42] § 78dd-1 [Seção 30A da Lei de Mercado de Capitais (Securities & Exchange Act) dos EUA, de 1934].

(3) (A) O termo "ação governamental de rotina" significa somente uma ação que é normal e comumente realizada por um dirigente estrangeiro ao -- (i) obter autorizações, licenças ou outros documentos oficiais para qualificar uma pessoa a conduzir negócios em um país estrangeiro; (ii) processar documentação governamental, tais como vistos e ordens de trabalho; (iii) fornecer proteção policial, coleta e entrega de correspondência ou agendamento de inspeções relacionadas ao cumprimento de contratos ou inspeções relacionadas ao trânsito de bens pelo país; (iv) fornecer serviço telefônico, elétrico, de água, carregamento e descarregamento de carga, ou proteger produtos perecíveis ou produtos básicos contra a deterioração; ou (v) empreender ações de natureza semelhante. (B) O termo "ação governamental de rotina" não inclui a tomada de decisão, por parte de um dirigente estrangeiro, de outorgar ou não novos contratos, e em que termos outorgá-los, ou a decisão de prorrogar um contrato com uma determinada parte, ou qualquer ação empreendida por um dirigente estrangeiro envolvido no processo de tomada de decisão para estimular uma decisão de outorgar um novo contrato ou prorrogar um contrato com uma parte determinada.

De acordo com Boedecker[43], o Congresso legalizou os "facilitation payments" para proteger empresas americanas no que diz respeito a desvantagens que sofreriam em face de empresas internacionais que não foram obrigadas a seguir as regras do FCPA.

In 1988, Congressional amendments legalized "facilitating payments," also referred to as "grease payments," to hasten the performance of ministerial functions, i.e., administrative actions, such as an expedited issuance of permits or similar, non magisterial actions to which the corporation was entitled under host country law (Foreign Corrupt Practices Act, 1988). Worried that American firms would suffer a competitive disadvantage relative to those in other industrialized countries that did not adhere to the FCPA bribery standards, the United States sought an agreement from those nations to pass similar legislation. This led to the Organization for Economic Cooperation and Development ["OECD"] Convention on Combating Bribery of Foreign Government Officials in 1997, in which 33 other economically advanced countries agreed to do so (OECD Convention, 1997). Congress last amended the FCPA in 1998, primarily to meet United States' obligations as a party to the original 1997 treaty (Foreign Corrupt Practices Act, 1998). As of March 2009, 38 countries had ratified that treaty (OECD Anti-Bribery Convention, 2010).[44]

---

[43] *Boedecker, K. (2010). Managing Foreign Corrupt Practices Act Risks of Gift, Travel and Entertainment Expenditures". Economics, Law, and International Business. Paper 1. p.3. Disponível em: http://repository. usfca.edu/elib/1*

[44] *Em 1988, as emendas do Congresso legalizaram "pagamentos de facilitação", também chamados de*

Adicionalmente, em 1997, o Congresso já queria assegurar o tratamento diferenciado entre os "facilitation payments" e os pagamentos ilícitos para proteger essas empresas. A linguagem usada na lei serviu a este exato propósito, como pode ser visto abaixo.[45]

> The language of the bill is deliberately cast in terms which differentiate between such payments and facilitating payments, sometimes called "grease payments". In using the word "corruptly", the committee intends to distinguish between payments which cause an official to exercise other than his free will in acting or deciding or influencing an act or decision and those payments which merely move a particular matter toward an eventual act or decision or which do not involve any discretionary action. In defining "foreign official", the committee emphasizes this crucial distinction by excluding from the definition of "foreign official" government employees whose duties are essentially ministerial or clerical.[46]

"pagamentos de gorduras", para acelerar o desempenho das funções ministeriais, isto é, ações administrativas, como a emissão acelerada de permissões ou ações similares não-magisteriais às quais a corporação tinha direito sob a lei do país anfitrião (Foreign Corrupt Practices Act, 1988). Preocupados com o fato de que as empresas americanas sofreriam uma desvantagem competitiva em relação àquelas de outros países industrializados que não aderiram aos padrões de suborno da FCPA, os Estados Unidos buscaram um acordo dessas nações para aprovar legislação semelhante. Isso levou à Convenção sobre o Combate ao Suborno de Funcionários do Governo Estrangeiro da Organização para Cooperação e Desenvolvimento Econômico ("OCDE") em 1997, na qual outros 33 países economicamente avançados concordaram em fazê-lo (Convenção da OCDE, 1997). O Congresso alterou pela última vez a FCPA em 1998, principalmente para cumprir as obrigações dos Estados Unidos como parte do tratado original de 1997 (Foreign Corrupt Practices Act, 1998). Em março de 2009, 38 países haviam ratificado esse tratado.

[45] House of Representatives. (1977) Unlawful Corporate Payments Act of 1997. House Report 95-640. Disponível em: https://www.justice.gov/sites/default/files/criminal-fraud/legacy/2010/04/11/houseprt-95-640.pdf

[46] A linguagem do projeto de lei é deliberadamente expressa em termos que diferenciam entre esses pagamentos e pagamentos facilitadores, às vezes chamados de "pagamentos de gorduras". Ao usar a palavra "corruptamente", o comitê pretende distinguir pagamentos que fazem com que um funcionário exerça outro desígnio que não seja de seu livre arbítrio ao agir, decidir ou influenciar um ato ou decisão, daqueles pagamentos que meramente movem um assunto específico para um ato ou decisão ou que não envolvam qualquer ação discricionária. Ao definir "oficial estrangeiro", o comitê enfatiza essa distinção crucial excluindo da definição de funcionários

A FCPA também possibilita as "Defesas Afirmativas". De acordo com a lei, o suborno não será considerado ilegal se for considerado lícito à luz da legislação do país do dirigente governamental, e se o pagamento foi feito para promover, demonstrar, ou explicar o produto ou serviço.

Constituirá defesa afirmativa das ações previstas na subseção (a) ou (g) desta seção o fato de que -- (1) o pagamento, doação, oferta ou promessa feitos de qualquer item de valor era considerado lícito à luz da legislação codificada e dos regulamentos do país do dirigente governamental, partido político ou candidato de partido político; ou (2) o pagamento, doação, oferta ou promessa feitos de qualquer item de valor era considerado despesas razoáveis e legítimas, como, por exemplo, despesas de viagem e acomodação, incorridas pelo dirigente governamental, partido político, dirigente ou candidato de partido político estrangeiro ou em nome destes, despesas essas diretamente relacionadas à -- (A) promoção, demonstração ou explicação de produtos ou serviços; ou (B) execução ou cumprimento de um contrato com um governo estrangeiro ou órgão do mesmo. [47]

É importante destacar que as defesas afirmativas somente se aplicam aos pagamentos lícitos à luz da legislação codificada e dos regulamentos do país do dirigente governamental. O simples fato de o pagamento de suborno não ser considerado ilícito sob a lei local não é suficiente para aplicar esta defesa. O Congresso buscou esclarecer que a falta de leis locais não seria suficiente para aplicar esta defesa.[48]

---

públicos "oficiais estrangeiros" aqueles cujas funções são essencialmente ministeriais ou clericais.

[47] 15 U.S Code 78dd-1, c Proibição de práticas de comércio no exterior pelos emissores

[48] Criminal Division of the U.S. Department of Justice and the Enforcement Division of the U.S. Securities and Exchange Commission. (2012). A Resource Guide to the U.S. Foreign Corrupt Practices Act. p.23. Disponível em: https://www.justice.gov/sites/default/files/criminal-fraud/legacy/2015/01/16/guide.pdf

PROVISÕES CONTÁBEIS

As provisões contábeis, de certa forma, ajudam a descobrir o uso indevido de recursos corporativos em atos ilícitos. As provisões contábeis complementam as provisões antissuborno, mas não são aplicadas somente aos casos relacionados com suborno. Como já foi revelado, a corrupção é uma força destrutiva que enxuga a confiança e integridade não somente das empresas, mas também dos investidores e das nações. Para facilitar o combate à corrupção, regras foram implementadas no intuito de estabelecer os requisitos para a manutenção de registros e controle interno e a proibição de falsificação dos livros e registros empresariais.

Para dificultar a ocultação de pagamentos ilícitos, a Lei requer que todo emissor apresente à Comissão relatórios com informações e documentos que a Comissão exigir para manter razoavelmente atualizadas as informações e a documentação, que devem ser juntadas ou submetidas com a proposta ou a declaração de registro apresentada, além de relatórios anuais certificados por contadores públicos independentes e relatórios trimestrais.

A FCPA exige que cada emissor tenha o dever de preparar e manter livros contábeis, registros e contas, que, com um nível razoável de detalhes, reflitam de forma completa e precisa as transações e as disposições dos ativos do emissor; e de criar e manter um sistema interno de controles contábeis, suficiente para fornecer garantias razoáveis de que: (i) as transações sejam executadas de acordo com a autorização geral ou específica da direção da empresa; (ii) as transações sejam registradas conforme necessário para (I) permitir o preparo de demonstrações financeiras em conformidade com os princípios contábeis geralmente aceitos ou quaisquer outros critérios aplicáveis a tais demonstrações e (II) manter uma prestação de contas dos ativos; (iii) o acesso aos ativos seja permitido somente de acordo com a autorização geral ou específica da direção da empresa; e (iv) o registro de prestação de contas dos ativos seja comparado com os ativos existentes a intervalos razoáveis e que as medidas apropriadas sejam tomadas quanto a quaisquer diferenças.

A linguagem usada na legislação buscou mitigar o mau uso dos ativos corporativos:

This legislation imposes affirmative requirements on issuers to maintain books and records which accurately and fairly reflect the transactions of the corporation and to design an adequate system of internal controls to assure, among other things, that the assets of the issuer are used for proper corporate purpose. The committee believes that the imposition of these affirmative duties under our securities laws coupled with attendant civil liability and criminal penalties for failure to comply with the statutory standard will go a long way to prevent the use of corporate assets for corrupt purposes. Public confidence in securities markets will be enhanced by assurance that corporate recordkeeping is honest.[49]

Existem várias maneiras de caracterizar subornos que ajudam na sua ocultação. Por exemplo, um pagamento ilícito pode ser mascarado como comissões ou royalties, taxas de consultoria, despesas com vendas e marketing, incentivos ou estudos científicos, despesas de viagem e entretenimento, mercadorias gratuitas, despesas diversas, entre outras. Como exemplo, David Montero[50] explica como essas ocultações foram descobertas com a ajuda dos documentos colhidos durante processos envolvendo as violações da FCPA.

The new era of FCPA prosecutions exposed in minute detail — thanks to thousands of pages of court documents in hundreds of new investigations — the workings of the modern-day corporate bribery system and its various interconnecting parts: the Western companies that pay the bribes, why they pay them and how they hide them; the middleman these companies hire to broker large scale bribery deals abroad; and the corporate, legal, and financial architecture that foreign officials use to receive, launder and make use of their bribes. A closer look at how this system actually works underscores

---

[49] nível em: https://www.justice.gov/sites/default/files/criminal-fraud/legacy/2010/04/11/senaterpt-95-114.pdf

Esta legislação impõe exigências afirmativas aos emissores para que mantenham livros e registros que reflitam de maneira precisa e justa as transações da corporação e para que projetem um sistema adequado de controles internos para assegurar, entre outras coisas, que os ativos do emissor sejam usados para propósitos corporativos apropriados. O comitê acredita que a imposição desses deveres afirmativos sob nossas leis de valores mobiliários, juntamente com a responsabilidade civil e as penalidades criminais resultantes do não cumprimento da norma estatutária, percorrerá um longo caminho no sentido de impedir o uso de ativos corporativos para fins de corrupção. A confiança do público nos mercados de valores mobiliários será reforçada pela garantia de que a contabilidade corporativa é honesta (tradução livre).

[50] Montero, D. (2018) Kickback: Exposing the Global Corporate Bribery Network: Penguin. p.63

the great disconnect between the nature of the crime and how it is prosecuted and how its insidious damage to the foreign victim is often overlooked.[51]

Esta batalha contra a corrupção foi auxiliada pelas investigações feitas pelo SEC e o DOJ. Montero[52] esclarece que devido a esse trabalho, agora temos informações importantíssimas para entender como o sistema realmente funciona:

The anti-bribery effort is second only to fighting terrorism as a priority for US law enforcement. This campaign which has led to more than 200 bribery related investigations in the United States alone has produced thousands of pages of court documents including internal company emails, memos, and banking information, as well as, testimony from dozens of witnesses, corporate executives defendants and law enforcement agencies. Thanks to this treasure trove of information we now know more than ever how the system operates particularly which companies are involved, how much they are paying in bribes and for what contracts; how these companies use middleman and criminals to gain access and how the company is route and hide the payments through a complex system of fake contracts, altered receipts, hidden shell companies and offshore bank accounts. (...)[53]

---

[51] *A nova era dos processos da FCPA expôs minuciosamente – graças a milhares de páginas de documentos judiciais em centenas de novas investigações – o funcionamento do moderno sistema de suborno corporativo e suas várias partes interconectadas: as empresas ocidentais que pagam os subornos, por que eles pagam e como os escondem; o intermediário que essas empresas contratam para negociar acordos de suborno em grande escala no exterior; e a arquitetura corporativa, legal e financeira que as autoridades estrangeiras usam para receber, lavar e fazer uso de suas propinas. Um olhar mais atento sobre como esse sistema realmente funciona ressalta a grande desconexão entre a natureza do crime e como ele é processado e como o seu prejuízo insidioso para a vítima estrangeira é frequentemente negligenciado (tradução livre).*

[52] *Montero, D. (2018) Kickback: Exposing the Global Corporate Bribery Network: Penguin. p.10.*

[53] *O esforço antissuborno só perde para o combate ao terrorismo como uma prioridade para a aplicação da lei nos EUA. Esta campanha, que levou a mais de 200 investigações relacionadas a suborno nos Estados Unidos, produziu milhares de páginas de documentos judiciais, incluindo e-mails internos, memorandos e informações bancárias, além de depoimentos de dezenas de testemunhas, executivos de empresas e réus, e agências de aplicação da lei. Graças a esse tesouro de informações, sabemos agora mais do que nunca como o sistema opera, em particular quais empresas estão envolvidas, quanto estão pagando em propinas e para quais contratos; como essas empresas usam intermediários e criminosos para obter acesso e como a empresa direciona e oculta os pagamentos através de um complexo sistema de contratos falsos, recibos alterados, empresas de fachada ocultas*

O parágrafo supracitado demonstra a importância na luta contra a corrupção nos Estados Unidos, onde, de fato, o esforço para combater o pagamento de subornos só perde para o combate ao terrorismo como uma prioridade para a aplicação da lei nos EUA. Através das investigações e milhares de páginas de documentos judiciais produzidos foi possível entender como o sistema opera.

Entende-se que a importância da implementação dos controles internos é para assegurar que as transações sejam registradas de forma correta, o que no final permite a preparação de demonstrações financeiras em conformidade com os princípios de contabilidade geralmente aceitos.

Outro importante ponto que a lei aborda é a questão de controles internos. Embora existam diferentes definições do termo, as mais aceitas são as da FASB (*Financial Accounting Standards Board*) e do COSO (*Committee of Sponsoring Organizations of the Treadway Commission*).

De acordo com a *Financial Accounting Standards Board* (FASB), controle interno consiste num conjunto de políticas e procedimentos que são desenvolvidos e operacionalizados para garantir razoável certeza acerca da confiança que pode ser depositada nas demonstrações financeiras e nos seus processos correlatos, bem como na correta apresentação daquelas demonstrações financeiras, garantindo que foram preparadas de acordo com os princípios de contabilidade geralmente aceitos e que incluem políticas e procedimentos de manutenção dos registros contábeis, aprovações em níveis adequados e salvaguarda de ativos.

Segundo o *Committee of Sponsoring Organizations of the Treadway Commission* (COSO), os controles internos asseguram o atingimento dos objetivos, de maneira correta e tempestiva, com a mínima utilização de recursos.[54]

Conforme a FCPA, nenhuma pessoa poderá sabidamente burlar ou deixar de implementar um sistema de controles internos de contabilidade ou sabidamente

---

e contas bancárias *offshore (tradução livre)*.

[54] *Definição de controles internos. Disponível em: https://www.conhecimentogeral.inf.br/controles_internos/*

falsificar qualquer livro, conta ou registro contábil descrito no parágrafo.

> *Internal controls over financial reporting are the processes used by companies to provide reasonable assurances regarding the reliability of financial reporting and the preparation of financial statements. They include various components, such as: a control environment that covers the tone set by the organization regarding integrity and ethics; risk assessments; control activities that cover policies and procedures designed to ensure that management directives are carried out (e.g., approvals, authorizations, reconciliations, and segregation of duties); information and communication; and monitoring.*[55]

Assim, as empresas precisam instalar um sistema de controles internos que leve em consideração os requisitos do sistema de controles internos de contabilidade definidos pela FCPA.

A criação e manutenção de um sistema de controles internos é fundamental. Os acionistas e os investidores potenciais precisam confiar e ter garantias de que o negócio está sendo adequadamente controlado e as informações financeiras estão sendo fornecidas em tempo hábil. O estabelecimento e a manutenção de um sistema de controle interno, de livros e registros precisos são fundamentais responsabilidades da administração; no entanto, a administração deve exercer julgamento na determinação das medidas a serem tomadas, e o custo incorrido, assegurando que os objetivos expressos serão atingidos. Aqui, padrões de razoabilidade devem ser aplicados.[56]

---

[55] *Criminal Division of the U.S. Department of Justice and the Enforcement Division of the U.S. Securities and Exchange Commission. (2012). A Resource Guide to the U.S. Foreign Corrupt Practices Act. p.40. Disponível em:* https://www.justice.gov/sites/default/files/criminal-fraud/legacy/2015/01/16/guide.pdf

Controles internos sobre relatórios financeiros são os processos usados pelas empresas para fornecer garantias razoáveis em relação à confiabilidade dos relatórios financeiros e à preparação de demonstrações contábeis. Eles incluem vários componentes, como: um ambiente de controle que abrange o tom estabelecido pela organização em relação à integridade e à ética; avaliações de risco; atividades de controle que abrangem políticas e procedimentos projetados para assegurar que diretivas de gerenciamento sejam executadas (por exemplo, aprovações, autorizações, reconciliações e segregação de funções); informação e comunicação; e monitoramento (tradução livre).

[56] *House of Representatives. (1977). Domestic and Foreign Investment Improved Disclosure Acts of 1977.*

Como já foi destacado, a FCPA originalmente consistia de três provisões principais. A primeira disposição importante alterou a Seção 13 (b) 3 do Securities Exchange Act of 1934, exigindo aos emissores registrados com a SEC que mantenham livros, registros e contas que documentem com precisão os pagamentos e transações corporativos. A segunda provisão exigiu que os emissores instituíssem e mantivessem controle contábil para assegurar o controle, a autoridade e responsabilidade da administração sobre os ativos da empresa. Finalmente, a terceira provisão proibia qualquer oferta ou promessa de pagamento, de qualquer valor, se a pessoa que oferece o item entendesse que a parte do item seria concedida ou prometida a um funcionário estrangeiro ou a um partido político estrangeiro com o propósito de influenciar uma decisão do governo.[57]

Essas três provisões principais já foram abordadas; daqui em diante, examinaremos as formas e os aspectos de violação dos dispositivos da FCPA. A aplicação da FCPA é dividida entre a *Securities and Exchange Commission* (SEC) e o *Department of Justice* (DOJ).

O DOJ é responsável pela investigação e o julgamento de acusações criminais das emissoras, seus diretores, empregados, agentes ou acionistas, que atuam em nome do emissor. O Departamento de Justiça também possui responsabilidades penal e civil quanto às provisões antissuborno da FCPA sobre "preocupações domésticas" – que incluem (a) cidadãos, cidadãos e residentes dos EUA e (b) empresas americanas e seus funcionários, diretores, funcionários, agentes ou acionistas que atuem em nome da empresa em questão – e certas pessoas e empresas estrangeiras que ajam em prol de uma violação da FCPA enquanto estiverem no território dos Estados Unidos. A SEC possui uma autoridade civil de execução limitada aos emissores, e seus executivos, diretores, agentes,

---

Senate Report 95-114. Disponível em:

https://www.justice.gov/sites/default/files/criminal-fraud/legacy/2010/04/11/senaterpt-95-11

[57] *Seitzinger, M,V. (2016). Foreign Corrupt Practices Act (FCPA): Congressional Interest and Executive Enforcement, In Brief. Congressional Research Service 7-5700. p.1. Disponível em: https://fas.org/sgp/crs/misc/R41466.pdf*

funcionários e acionistas agindo em nome da emissora.[58]

VIOLAÇÕES

A violação das disposições antissuborno da FCPA consiste em qualquer oferta ou promessa de pagamento, de qualquer valor, se a pessoa que oferece o item entender que a parte do item será concedida ou prometida a um funcionário estrangeiro ou a um partido político estrangeiro com o propósito de influenciar uma decisão do governo.

Uma vez violada, a lei é rigorosa em sua aplicação das penalidades e não somente traz responsabilização civil, mas também a criminal, para as empresas e seus executivos, diretores, funcionários e agentes.

No que diz respeito às sanções civis, tanto o DOJ quanto a SEC têm autoridade de execução civil sobre a FCPA. De acordo com o *FCPA Guide*, o DOJ pode iniciar uma ação civil para as violações das disposições antissuborno pelos *"domestic concerns"* (e seus funcionários, diretores, funcionários, agentes ou acionistas, e nacionais estrangeiros e empresas) por violações enquanto estiverem nos Estados Unidos, enquanto a SEC pode iniciar ações civis contra emissores e seus diretores, diretores, funcionários, agentes ou acionistas por violações do antissuborno e das disposições contábeis. As corporações e outras entidades empresariais estão sujeitas a uma penalidade civil de até US$ 16.000 por violação. As pessoas físicas – incluindo administradores, diretores, acionistas e agentes de empresas – estão sujeitas de forma semelhante a uma penalidade civil de até US$ 16.000 por violação, que não pode ser paga pelo empregador ou principal. Por violação das disposições contábeis, a SEC pode impor uma multa

---

[58] *Criminal Division of the U.S. Department of Justice and the Enforcement Division of the U.S. Securities and Exchange Commission. (2012). A Resource Guide to the U.S. Foreign Corrupt Practices Act. Disponível em:* https://www.justice.gov/sites/default/files/criminal-fraud/legacy/2015/01/16/guide.pdf

civil que não exceda o maior de: (a) o valor bruto do ganho pecuniário para o réu como resultado de violações, ou (b) um valor limite.

As violações dos dispositivos da FCPA podem trazer responsabilização criminal para as empresas e seus executivos, diretores, funcionários e agentes. De acordo com a Lei, por cada violação das disposições antissuborno, a FCPA prevê que as corporações e outras entidades comerciais estão sujeitas a um pagamento de multas de até US$ 2 milhões. Pessoas, incluindo administradores, diretores, acionistas e agentes de empresas, estão sujeitos a multas de até US$ 250.000 e prisão por até cinco anos.

Por cada violação das disposições contábeis, a FCPA prevê que as corporações e outras entidades comerciais estão sujeitas a multas máximas de US$ 25 milhões. As pessoas estão sujeitas a multas de até US$ 5 milhões e a uma pena de prisão por até vinte anos.[59]

As sanções para violações criminais são calculadas pelo DOJ de forma clara, detalhada e simples, e estão previstas no *"U.S Sentencing Guideline"*, um guia para cálculo das penalidades.

Por exemplo, para determinar a sanção adequada, o "nível de ofensa" é calculado analisando tanto a gravidade do crime quanto os fatos específicos do crime, com reduções da pena pela cooperação e aceitação da responsabilidade. Adicionalmente, para entidades empresariais, a divulgação voluntária, a cooperação, os programas de conformidade preexistentes e a remediação são os fatores considerados na redução.[60] Podemos ver, a seguir, alguns casos julgados pela SEC em 2018, como exemplo; a lista abrange nomes reconhecidos, de várias nacionalidades, com multas significativas[61]:

---

[59] *Criminal Division of the U.S. Department of Justice and the Enforcement Division of the U.S. Securities and Exchange Commission. (2012). A Resource Guide to the U.S. Foreign Corrupt Practices Act. p.68. Disponível em: https://www.justice.gov/sites/default/files/criminal-fraud/legacy/2015/01/16/guide.pdf*

[60] *Criminal Division of the U.S. Department of Justice and the Enforcement Division of the U.S. Securities and Exchange Commission. (2012). A Resource Guide to the U.S. Foreign Corrupt Practices Act. p.68. Disponível em: https://www.justice.gov/sites/default/files/criminal-fraud/legacy/2015/01/16/guide.pdf*

[61] *U.S Securities and Exchange Commission. (2018) SEC Enforcement Actions:FCPA. Disponível em: https://*

Stryker Corp. - A empresa de dispositivos médicos com sede em Michigan concordou em pagar uma multa de US$ 7,8 milhões por controles contábeis internos insuficientes e livros e registros imprecisos. (28/9/18)

Petróleo Brasileiro S.A. - A empresa de petróleo e gás do Brasil concordou em pagar US$ 1,78 bilhão em uma resolução global decorrente de um esquema de suborno e licitação. (27/9/18)

Patricio Contesse González - Concordou em pagar US$ 125.000 para resolver as acusações de violação a FCPA enquanto atuava como CEO da empresa química e de mineração sediada no Chile Sociedad Química y Minera de Chile S.A. (25/9/18)

United Technologies - A empresa sediada em Connecticut concordou em pagar cerca de US$ 14 milhões para resolver as acusações de pagamentos ilícitos para facilitar as vendas de elevadores e motores de aeronaves. (9/12/18)

Joohyun Bahn - Um corretor imobiliário de Nova Jersey concordou em acertar as acusações de que ele tentou subornar uma autoridade estrangeira enquanto mediava a venda de um prédio comercial em nome de um emissor privado estrangeiro. (9/6/18)

Sanofi - concordou em pagar mais de US$ 25 milhões para resolver os encargos relacionados a pagamentos corruptos para conquistar negócios no Cazaquistão e no Oriente Médio. (9/4/18)

Legg Mason - concordou em pagar mais de US$ 34 milhões para resolver as acusações relacionadas a um esquema para subornar funcionários do governo líbio. (27/8/18)

Credit Suisse Group AG - Concordou em pagar mais de US$ 30 milhões à SEC e uma multa de US$ 47 milhões para resolver acusações de que a empresa obteve negócios de banco de investimento na região da Ásia-Pacífico, de maneira corrupta em violação à FCPA. (7/5/18)

Beam Suntory Inc. - concordou em pagar mais de US$ 8 milhões para resolver acusações de que sua subsidiária indiana violou a FCPA usando distribuidores terceirizados para fazer pagamentos ilícitos para aumentar os

---

www.sec.gov/spotlight/fcpa/fcpa-cases.shtml.

pedidos de vendas, processar registros de licenciamento e adquirir dados não públicos. (02/07/2018)

Panasonic Corp. - A empresa sediada no Japão concordou em pagar mais de US$ 143 milhões para resolver as acusações da FCPA. (30/4/18)

A Dun & Bradstreet Corp. - A empresa concordou em pagar mais de US$9 milhões em restituições, juros e multas civis para resolver violações da FCPA decorrentes de pagamentos indevidos feitos por duas subsidiárias chinesas. (23/4/18)

Kinross Gold - A empresa de mineração de ouro sediada no Canadá concordou em pagar uma multa de US$ 950.000 para resolver violações da FCPA decorrentes de sua falha repetida na implementação de controles contábeis adequados de duas subsidiárias na África. (26/3/18)

Elbit Imaging - A empresa com sede em Israel concordou em pagar uma multa de US$ 500.000 para resolver violações da FCPA decorrentes de pagamentos a consultores por supostos serviços relacionados a um projeto de desenvolvimento imobiliário na Romênia. (3/9/18) (23)

Além das sanções impostas pela lei, existem outras ferramentas punitivas em consequência da violação da FCPA, como suspensão ou perda do direito de fazer contratos com o governo federal, exclusão por bancos multilaterais de desenvolvimento e suspensão ou revogação de certos privilégios de exportação.

RESOLUÇÕES DO DEPARTAMENTO DA JUSTIÇA

Existem dois mecanismos empregados pelo DOJ que podem ser utilizados na resolução de questões criminais sob a FCPA: a declinação, ou a resolução negociada, que resulte em um acordo de delação premiada, um acordo de processo diferido ou um acordo de não-prossecução. Para os indivíduos, uma resolução negociada geralmente assumirá a forma de um acordo judicial, que pode incluir linguagem em matéria de cooperação ou um acordo de cooperação não judiciária. Nos casos em que as resoluções negociadas não possam ser alcançadas com empresas ou indivíduos, a questão pode ser levada a julgamento.[62]

DELAÇÃO PREMIADA

Os acordos de delação premiada seguem as disposições da regra 11 das Regras Federais dos Processos Criminais[63]:

(c) Plea Agreement Procedure.

(1) In General. An attorney for the government and the defendant's attorney, or the defendant when proceeding pro se, may discuss and reach a plea agreement. The court must not participate in these discussions. If the defendant pleads guilty or nolo contendere to either a charged offense or a lesser or related offense, the plea agreement may specify that an attorney for the government will:

(A) not bring, or will move to dismiss, other charges;

(B) recommend, or agree not to oppose the defendant's request, that a particular sentence or sentencing range is appropriate or that a particular provision of the Sentencing Guidelines, or policy statement, or sentencing factor does or does not apply (such a recommendation or request does not bind the court); or

(C) agree that a specific sentence or sentencing range is the appropriate disposition of the case, or that a particular provision of the Sentencing Guidelines, or policy statement, or sentencing factor does or does not apply (such a recommendation or request binds the court once the court accepts the plea agreement).[64]

---

[62] *Criminal Division of the U.S. Department of Justice and the Enforcement Division of the U.S. Securities and Exchange Commission. (2012). A Resource Guide to the U.S. Foreign Corrupt Practices Act. p.74. Disponível em: https://www.justice.gov/sites/default/files/criminal-fraud/legacy/2015/01/16/guide.pdf*

[63] *Federal Rules of Criminal Procedure › TITLE IV. ARRAIGNMENT AND PREPARATION FOR TRIAL › Rule 11. Pleas*

[64] *c) Procedimento do acordo judicial.*

(1) Em geral. Um advogado para o governo e o advogado do réu, ou o réu, quando procedente, pode discutir e chegar a um acordo judicial. O tribunal não deve participar nessas discussões. Se o réu se declarar culpado ou não for acusado de ofensa ou crime menor ou relacionado, o acordo poderá especificar que um advogado do governo

[...]

Basicamente, o procedimento do Plea Agreement consiste em um acordo judicial entre o réu e o DOJ ou SEC e, se o réu se declarar culpado ou não for acusado de ofensa ou crime menor ou relacionado, o acordo poderá especificar, para sua proteção, que outras acusações não serão trazidas contra ele.

ACORDO DE PROSSECUÇÃO DEFERIDA

Neste caso, o DOJ arquiva um documento oficial incriminante, o *"charging document"*[65], e simultaneamente solicita que a acusação seja deferida, isto é, adiada com o propósito de permitir que a empresa demonstre sua boa conduta. Ao entrar em um acordo, o réu concorda em pagar uma multa, renuncia ao estatuto de limitações, colabora com o governo, admite os fatos relevantes e entra em certos compromissos de compliance e remediação. Se a empresa demonstrar sua boa conduta e satisfizer os requisitos estabelecidos dentro do prazo do acordo com êxito (normalmente dois ou três anos), o DOJ suspenderá as acusações.[66]

---

irá: (A) não trazer outras acusações, ou tentar absolvê-lo delas; (B) recomendar, ou concordar em não se opor ao pedido do réu, que uma determinada sentença ou intervalo de condenação é apropriado ou que uma disposição particular das Diretrizes de Condenação, declaração de política ou fator de sentenciamento se aplica ou não (tal recomendação ou pedido não vincula o tribunal); ou (C) concordar que uma sentença específica ou faixa de condenação é a disposição apropriada do caso, ou que uma disposição particular das Diretrizes de Condenação, ou declaração de política, ou fator de condenação se aplica ou não (tal recomendação ou solicitação vincula o tribunal quando o tribunal aceitar o acordo de confissão) (tradução livre).

[65] *Um recurso que inicia acusações criminais contra um réu.*

[66] *Criminal Division of the U.S. Department of Justice and the Enforcement Division of the U.S. Securities and Exchange Commission. (2012). A Resource Guide to the U.S. Foreign Corrupt Practices Act. p.74. Disponível em: https://www.justice.gov/sites/default/files/criminal-fraud/legacy/2015/01/16/guide.pdf*

ACORDO DE NÃO-PROSSECUÇÃO

O Acordo de Não-Prossecução (NPA), é um acordo mais brando e, ao contrário de um DPA (Acordo de Prossecução Deferida), não é apresentado a um tribunal, sendo celebrado entre as partes. O DOJ mantém o direito de registrar as acusações, mas se abstém de fazê-lo para permitir que a empresa demonstre sua boa conduta durante o prazo do NPA. Os requisitos de um NPA são semelhantes aos de um DPA, isto é, o réu concorda em pagar uma multa, renuncia ao estatuto de limitações, colabora com o governo, admite os fatos relevantes e entra em certos compromissos de *compliance* e remediação. Se a empresa demonstrar sua boa conduta e satisfizer os requisitos estabelecidos dentro do prazo do acordo com êxito, o Departamento de Justiça não dará continuidade às acusações criminais.[67]

DECLINAÇÃO

Os promotores federais do DOJ podem se recusar a processar os indivíduos ou empresas, baseando sua decisão para tal declinação nos requisitos estabelecidos pelos Princípios do Processo Federal. Eles devem levar em consideração fatores como, entre outros, as prioridades federais de aplicação da lei, a natureza e a gravidade da ofensa, a culpabilidade da pessoa em conexão com a ofensa, o histórico de atividade criminosa da pessoa, e a disposição da pessoa em cooperar com a investigação. O DOJ já se recusou a processar indivíduos e empresas utilizando estes critérios como base.[68]

---

[67] Criminal Division of the U.S. Department of Justice and the Enforcement Division of the U.S. Securities and Exchange Commission. (2012). A Resource Guide to the U.S. Foreign Corrupt Practices Act. p.75. Disponível em: https://www.justice.gov/sites/default/files/criminal-fraud/legacy/2015/01/16/guide.pdf

[68] Criminal Division of the U.S. Department of Justice and the Enforcement Division of the U.S. Securities and Exchange Commission. (2012). A Resource Guide to the U.S. Foreign Corrupt Practices Act. p. 75. Disponível em: https://www.justice.gov/sites/default/files/criminal-fraud/legacy/2015/01/16/guide.pdf

RESOLUÇÕES SECURITIES AND EXCHANGE COMMISSION

O SEC tem à disposição em seu arsenal, como o DOJ, ferramentas que podem ser aplicadas na resolução de conflitos. As Medidas Cautelares Cíveis e Reparações servem como um tipo de proteção futura, e as Declinações permitem que a autoridade se recuse a processar os indivíduos ou empresas autoras.

MEDIDAS CAUTELARES CÍVEIS E REPARAÇÕES

Este mecanismo é um tipo de proteção e busca obrigar o réu a obedecer a lei no futuro. Uma vez violada, procedimentos civis ou criminais podem ser instaurados.

Além das medidas, a SEC pode condenar o réu a fazer reparações. Essas reparações são apenas de natureza reparatória e não punitiva, servindo a um dos dois propósitos: compensar a parte lesada como resultado da violação da liminar, ou forçar o cumprimento dos termos da medida.[69]

Além das medidas, a SEC goza da capacidade de instituir ações administrativas quando a lei é violada. A ação é julgada pelo juiz administrativo (*administrative law judge*) da própria SEC. As ações administrativas incluem censura, limitação de atividades, suspensão de até doze meses e revogação de registro.

Similarmente ao DOJ, a SEC pode celebrar acordos de Prossecução Deferida e de não-prossecução. No tocante ao DPA, o acordo é celebrado de forma que a parte violadora concorde em: cooperar de forma verdadeira e plena na investigação da SEC e nas ações de execução relacionadas; firmar *"tolling agreement"* de longo prazo; cumprir com proibições e/ou compromissos expressos durante o período de acordo; e, em determinadas circunstâncias, concordar em admitir

---

[69] *Criminal Division of the U.S. Department of Justice and the Enforcement Division of the U.S. Securities and Exchange Commission. (2012). A Resource Guide to the U.S. Foreign Corrupt Practices Act. p.76. Disponível em:* https://www.justice.gov/sites/default/files/criminal-fraud/legacy/2015/01/16/guide.pdf

ou não contestar fatos subjacentes que a SEC poderia alegar para estabelecer uma violação das leis federais.[70]

O NPA é firmado entre a SEC e o indivíduo ou empresa, que, entre outras coisas, concorda em cooperar de forma verdadeira e completa na investigação da SEC e nas ações de execução relacionada, e em cumprir, em determinadas circunstâncias, com compromissos expressos.[71]

DECLINAÇÃO

A SEC pode se recusar a processar indivíduos ou empresas, baseando sua decisão para tal declinação de acordo com os requisitos estabelecidos pelo Manual de Execução da SEC (Enforcement Manual - SEC), que considera entre outras coisas a gravidade da conduta e as violações, os recursos disponíveis para a investigação, a suficiência e força da evidência, a extensão do dano potencial ao investidor e o tempo ocorrido.[72]

---

[70] *Criminal Division of the U.S. Department of Justice and the Enforcement Division of the U.S. Securities and Exchange Commission. (2012). A Resource Guide to the U.S. Foreign Corrupt Practices Act. p.76. Disponível em:* https://www.justice.gov/sites/default/files/criminal-fraud/legacy/2015/01/16/guide.pdf

[71] *Criminal Division of the U.S. Department of Justice and the Enforcement Division of the U.S. Securities and Exchange Commission. (2012). A Resource Guide to the U.S. Foreign Corrupt Practices Act. p.76. Disponível em:* https://www.justice.gov/sites/default/files/criminal-fraud/legacy/2015/01/16/guide.pdf

[72] *Criminal Division of the U.S. Department of Justice and the Enforcement Division of the U.S. Securities and Exchange Commission. (2012). A Resource Guide to the U.S. Foreign Corrupt Practices Act. p.77. Disponível em:* https://www.justice.gov/sites/default/files/criminal-fraud/legacy/2015/01/16/guide.pdf

DIFERENÇAS ENTRE A LEI ANTICORRUPÇÃO E O FCPA

No caso da comparação entre a Lei Anticorrupção brasileira e a FCPA, ao analisar as diferenças entre as duas leis, superficialmente, os fatores culturais, econômicos e temporais podem ser destacados como os motivos para os diferentes tratamentos e resultados entre os dois países. Entretanto, vale relembrar que a lei brasileira ainda é muito nova; a lei somente foi homologada em 2014, enquanto a FCPA goza de uma história longa de 41 anos desde sua homologação pelo congresso americano em 1977. O aspecto temporal será um dos pontos analisados neste trabalho, complementado pela análise de abrangência, escopo, tipo de violações, sanções e, finalmente, resoluções.

ABRANGÊNCIA

A primeira grande diferença que existe entre as duas leis é que a Lei Anticorrupção brasileira está especificamente vinculada às pessoas jurídicas registradas no Brasil. A lei se aplica às sociedades empresariais e às sociedades simples, personificadas ou não, independentemente da forma de organização ou modelo societário adotado, bem como a quaisquer fundações, associações de entidades ou pessoas, ou sociedades estrangeiras, que tenham sede, filial ou representação no território brasileiro, constituídas de fato ou de direito, ainda que temporariamente. A lei americana é aplicada a três categorias de pessoas e entidades:

   1) *issuers, as emissoras e qualquer dirigente, diretor, funcionário, agente ou acionista;*

2) domestic concerns e qualquer dirigente, diretor, funcionário, agente ou acionista; e

3) certas pessoas e entidades, além dos emissores e domestic concerns, atuando no território dos Estados Unidos.

ESCOPO

A lei brasileira dispõe sobre a responsabilização objetiva administrativa e civil de pessoas jurídicas pela prática de atos contra a administração pública, nacional ou estrangeira. Os infratores serão responsabilizados objetivamente, nos âmbitos administrativo e civil, pelos atos lesivos previstos nesta Lei, praticados em seu interesse ou benefício, exclusivo ou não. Lembrando que a responsabilização da pessoa jurídica não exclui a responsabilidade individual de seus dirigentes ou administradores ou de qualquer pessoa natural, autora, coautora ou partícipe do ato ilícito. A FCPA, por outro lado, somente foca na questão da administração pública estrangeira, destarte, proíbe qualquer oferta ou promessa de pagamento, de qualquer valor, se a pessoa que oferece o item entender que a parte do item será concedida ou prometida a qualquer dirigente estrangeiro ou a um partido político estrangeiro com o propósito de influenciar qualquer ato ou decisão do governo.

TIPOS DE VIOLAÇÃO

Para violar o FCPA, a oferta, pagamento, promessa de pagamento ou autorização de pagamento de qualquer soma em dinheiro, ou oferta, doação ou promessa de doação, ou ainda uma autorização de doação precisa ser feita de "forma corrupta".

O suborno tem que ter a finalidade de influenciar qualquer ato ou decisão de dirigente estrangeiro, qualquer partido político estrangeiro ou dirigente dele, ou um candidato a cargo político no exterior, ou qualquer pessoa, na sua qualidade oficial.

Para violar a lei, o suborno tem que induzir um dirigente estrangeiro a realizar ou deixar de realizar qualquer ato, em violação à obrigação legal de tal dirigente; ou garantir a obtenção de qualquer vantagem indevida; ou induzir o dirigente estrangeiro a usar a sua influência junto a um governo estrangeiro ou organismo governamental para afetar ou influenciar qualquer ato ou decisão de tal governo ou organismo governamental, para ajudar tal empreendimento nacional a obter ou manter um negócio para qualquer pessoa ou direcionar um negócio a essa pessoa.

No Brasil, os atos lesivos à administração pública, nacional ou estrangeira, são definidos como: prometer, oferecer ou dar, direta ou indiretamente, vantagem indevida a agente público, ou a terceira pessoa a ele relacionada; comprovadamente, financiar, custear, patrocinar ou de qualquer modo subvencionar a prática dos atos ilícitos previstos na Lei; comprovadamente, utilizar-se de interposta pessoa física ou jurídica para ocultar ou dissimular seus reais interesses ou a identidade dos beneficiários dos atos praticados; fraudar licitações e contratos; e dificultar atividade de investigação ou fiscalização de órgãos, entidades ou agentes públicos, ou intervir em sua atuação, inclusive no âmbito das agências reguladoras e dos órgãos de fiscalização do sistema financeiro nacional.

PAGAMENTOS DE FACILITAÇÃO

Os pagamentos de facilitação são aqueles feitos a um dirigente, partido político ou dirigente de partido político estrangeiro, para fins de agilizar ou garantir a realização de uma ação governamental de rotina. De acordo com a cláusula §78dd-1, f, 3 da FCPA, os pagamentos são permitidos para obter autorizações, licenças ou outros documentos oficiais para qualificar uma pessoa a conduzir negócios em um país estrangeiro; processar documentação governamental, tais como vistos e ordens de trabalho; fornecer proteção policial, coleta e entrega de correspondência ou agendamento de inspeções relacionadas ao cumprimento de contratos ou inspeções relacionadas ao trânsito de bens pelo país; fornecer serviço telefônico, elétrico, de água, carregamento e descarregamento de carga;

ou proteger produtos perecíveis ou básicos contra a deterioração. Os pagamentos de facilitação são proibidos na lei brasileira.

PROVISÕES CONTÁBEIS

A lei antissuborno americana contém o mecanismo das provisões contábeis, que estabelecem os requisitos para manutenção de registros e controle interno e a proibição de falsificação dos livros e registros empresariais. De acordo com a lei, cada emissor detém o dever de: preparar e manter livros contábeis, registros e contas, que, com um nível razoável de detalhe, reflitam de forma completa e precisa as transações e as disposições dos ativos do emissor. Deve, ainda, criar e manter um sistema interno de controles contábeis, suficiente para fornecer garantias razoáveis de que: (i) as transações sejam executadas de acordo com a autorização geral ou específica da direção da empresa; (ii) as transações sejam registradas conforme necessário para (I) permitir o preparo de demonstrações financeiras em conformidade com os princípios contábeis geralmente aceitos ou quaisquer outros critérios aplicáveis a tais demonstrações e (II) manter uma prestação de contas dos ativos; (iii) o acesso aos ativos seja permitido somente de acordo com a autorização geral ou específica da direção da empresa; e (iv) o registro de prestação de contas dos ativos seja comparado com os ativos existentes a intervalos razoáveis e que as medidas apropriadas sejam tomadas quanto a quaisquer diferenças.

A lei brasileira não possui mecanismos que estabelecem as provisões contábeis, mas a homologação do Decreto 8.420/2015, que regulamenta a Lei Anticorrupção, visa criar um conjunto de mecanismos e procedimentos internos de integridade, auditoria e incentivo à denúncia de irregularidades e à aplicação efetiva de códigos de ética e de conduta, políticas e diretrizes, com o objetivo de detectar e sanar desvios, fraudes, irregularidades e atos ilícitos praticados contra a administração pública, nacional ou estrangeira.

O Decreto prevê, em seu art. 18. Inciso V, que será subtraído da multa o valor correspondente a de um a quatro por cento no caso de comprovação de a pessoa jurídica possuir e aplicar um programa de integridade, conforme os parâmetros estabelecidos neste capítulo.

SANÇÕES

As violações dos dispositivos da FCPA podem ocasionar responsabilização criminal para as empresas e seus executivos, diretores, funcionários e agentes. De acordo com a Lei, por cada violação das disposições antissuborno, a FCPA prevê que as corporações e outras entidades comerciais estão sujeitas a um pagamento de multas de até US$ 2 milhões. Já as pessoas, incluindo administradores, diretores, acionistas e agentes de empresas, estão sujeitos a multas de até US$ 250.000 e prisão por até cinco anos.

Por cada violação das disposições contábeis, a FCPA prevê que as corporações e outras entidades comerciais estão sujeitas a multas máximas de US$ 25 milhões. As pessoas estão sujeitas a multas de até US$ 5 milhões e a uma pena de prisão por até vinte anos (FCPA Guide, 2012, p. 68).

A lei n.º 12.846/2013 aplica, na esfera administrativa, as seguintes sanções: multa, no valor de 0,1% a 20% do faturamento bruto do último exercício anterior ao da instauração do processo administrativo, excluídos os tributos – a qual nunca será inferior à vantagem auferida, quando for possível sua estimação. A Lei também prevê que nos casos em que não seja possível utilizar o critério do valor do faturamento bruto da pessoa jurídica a multa será de R$ 6.000,00 a R$ 60.000.000,00 milhões de reais.

A pessoa jurídica (uma empresa, por exemplo) que cometer atos ilícitos previstos nesta lei pode ser processada e julgada na esfera administrativa pelo CGU e, ainda, responsabilizada por seus atos na esfera judicial. A União, os Estados, o Distrito Federal e os Municípios detêm a autoridade para ajuizar uma ação judicial neste caso, através de suas respectivas advocacias públicas.

As sanções na esfera judicial incluem a perda dos bens, direitos ou valores que representem vantagem ou proveito direta ou indiretamente obtidos da infração, suspensão ou interdição parcial de suas atividades; dissolução compulsória da pessoa jurídica; e a proibição de receber incentivos, subsídios, subvenções, doações ou empréstimos de órgãos ou entidades públicas e de instituições financeiras públicas ou controladas pelo poder público, pelo prazo mínimo de 1 (um) e máximo de 5 (cinco) anos.

RESOLUÇÕES

Existem dois mecanismos empregados pelo DOJ que são utilizados na resolução de questões criminais da FCPA. Eles são a declinação e a resolução negociada que resulte em um acordo de delação premiada, um acordo de processo diferido ou um acordo de não-prossecução. Para os indivíduos, uma resolução negociada geralmente assume a forma de um acordo judicial. Nos casos em que as resoluções negociadas não podem ser alcançadas com empresas ou indivíduos, a questão pode ser levada a julgamento.

Adicionalmente, a SEC pode utilizar o mecanismo de medidas cautelares, que visam a compelir o réu a obedecer a lei futuramente e obrigá-lo a efetuar reparações que sirvam para compensar a parte lesada.

Além das medidas cautelares, a SEC possui a capacidade de instituir ações administrativas. A ação é julgada pelo juiz administrativo (*administrative law judge*) da própria SEC. As ações administrativas incluem censura, limitação de atividades, suspensão de até doze meses e revogação de registro.

Suplementarmente, a SEC pode celebrar Acordos de Prossecução Deferida (DPA) e Acordos de Não-Prossecução (NPA). No que diz respeito ao DPA, o acordo é celebrado e a parte violadora concorda em cooperar de forma verdadeira e plena na investigação da SEC e nas ações de execução relacionadas; firmar um *tolling agreement*[73] de longo prazo; cumprir com proibições e/ou compromissos expressos durante o período de acordo; e, em determinadas circunstâncias, concorda em admitir ou não contestar fatos subjacentes que a SEC poderia alegar para estabelecer uma violação das leis federais.[74] Adicionalmente, a SEC pode se recusar a processar os indivíduos ou empresas, baseando sua decisão para tal declinação nos requisitos estabelecidos pelos Princípios do Processo Federal[75].

No Brasil, os acordos de leniência podem ser celebrados pelas autoridades máximas de cada órgão ou entidade pública. No âmbito do Poder Executivo Federal, bem como no caso de atos lesivos praticados contra a administração pública estrangeira, a Controladoria-Geral da União detém a competência para a celebração dos acordos.

---

[73] *Um contrato de pedágio é um acordo para renunciar ao direito de reivindicar que o litígio deve ser arquivado devido à expiração de um estatuto de limitações.*

[74] *Criminal Division of the U.S. Department of Justice and the Enforcement Division of the U.S. Securities and Exchange Commission. (2012). A Resource Guide to the U.S. Foreign Corrupt Practices Act. p.76. Disponível em: https://www.justice.gov/sites/default/files/criminal-fraud/legacy/2015/01/16/guide.pdf*

[75] *The United States Department of Justice. Principles of Federal Prosecution of Business Organizations. Disponível em: https://www.justice.gov/jm/jm-9-28000-principles-federal-prosecution-business-organizations*

ANÁLISE DE APLICAÇÃO DA LEI

DA METODOLOGIA EMPREGADA NA PESQUISA

A coleta da base de dados utilizados na pesquisa objeto do presente artigo foi feita através de sítios eletrônicos; no caso do FCPA, por meio do *Stanford Law School Foreign Corrupt Practices Act Clearinghouse,* um centro de informações que funciona como um banco de dados, um repositório de documentos originais da Comissão de Valores Móveis (SEC) e do Departamento de Justiça, e um fornecedor de análises, provendo aos usuários informações detalhadas relacionadas à aplicação da FCPA. Quanto à Lei 12.846/2013, os dados foram coletados no sítio do Ministério da Transparência e Controladoria-Geral da União (CGU), bem como os divulgados no Cadastro Nacional de Empresas Punidas (CNEP), disponível no Portal da Transparência.

A pesquisa foi feita levando em consideração os fatores temporais das duas leis. A análise foi realizada a partir da entrada em vigor da Lei Anticorrupção Brasileira, que ocorreu em janeiro de 2014. Este período foi escolhido observando-se o fato de que a FCPA, promulgada em 1977, oferecia um amplo universo de dados, enquanto os dados nacionais somente começaram a ser disponibilizados em 2016.

DISTRIBUIÇÃO DE EMPRESAS PROCESSADAS POR PAÍS

Conforme a análise, e com base no FCPA, desde a entrada em vigor da Lei Anticorrupção em janeiro de 2014, em ações realizadas pelo Departamento de Justiça ("DOJ") e pela *Securities and Exchange Commission* (SEC) nos EUA, foram punidas um total de 173 empresas. Durante o mesmo período, com base na Lei 12.846/2013, foram aplicadas 71 sanções no Brasil, conforme indicado na tabela abaixo, que relaciona a distribuição de sanções aplicadas por país:

Tabela 1 - Empresas que sofreram sanções entre 2014-2018

País	2014	2015	2016	2017	2018	TOTAL
EUA	23	25	57	36	32	173
BRASIL	0	0	15	11	45	71

Fonte: Cadastro Nacional de Empresas Punidas, Stanford Law School Foreign Corrupt Practices Act Clearinghouse (2018)

Com tais informações, é possível observar uma notável diferença entre a aplicação das sanções entre os dois países. Na média, os Estados Unidos sancionaram 43 empresas por ano, enquanto o Brasil, somente 18 durante o mesmo período.

É importante destacar que a Lei 12.846/2013, diferentemente da FCPA, não se limita à repressão de atos ilícitos praticados por pessoas jurídicas no exterior, que são responsabilidade do Ministério da Transparência, Fiscalização e Controladoria-Geral da União; a Lei Anticorrupção trata principalmente das irregularidades praticadas em face da Administração Pública nacional.

DISTRIBUIÇÃO DAS COMPETÊNCIAS

No Brasil, a instauração e o julgamento de processo administrativo para apuração da responsabilidade de pessoa jurídica cabem à autoridade máxima de cada órgão ou entidade dos Poderes Executivo, Legislativo e Judiciário, e a competência para a instauração e o julgamento do processo administrativo de apuração de responsabilidade da pessoa jurídica poderá ser delegada, vedada a subdelegação.

A competência para a instauração e o julgamento do processo administrativo de apuração de responsabilidade da pessoa jurídica pode ser considerada mais ampla do que nos EUA, onde a competência pertence somente ao Departamento de Justiça ("DOJ") e ao *Securities and Exchange Commission* ("SEC")[76].

Analisando os números mais atentamente, a distribuição das competências no Brasil fica bem aparente. O Estado do Espírito Santo liderou o ranking como entidade que mais pune, com 17 sanções das 19 realizadas pelos Estados. Do total, como demonstra a Tabela 2, cerca de 26% correspondem à atuação dos Estados, 14% da Secretaria Municipal, 8% da Prefeitura Municipal, 17% da Empresa Brasileira de Correios e Telégrafos, 11% da Empresa Brasileira de Infra-Estrutura Aeroportuária, 5% de Furnas Centrais Elétricas S.A., e 8% da Petróleo Brasileiro S.A. Os restantes 5% correspondem à atuação dos demais entes.[77]

Nos Estados Unidos, das 173 instaurações, 60% correspondem à atuação do Departamento da Justiça, e 40%, do *Securities and Exchange Commission* (SEC).

A tabela abaixo relaciona a pluralidade dos órgãos sancionadores e mostra a clara distribuição das competências.

---

[76] *Comissão de Valores Mobiliários dos Estados Unidos*

[77] *Portal da transparência. Ministério da transparência e Controladoria Geral da União. Detalhamento da Penalidade. Cadastro Nacional de Empresas Punidas (CNEP). Disponível em:* http://www.portaltransparencia. gov.br/sancoes/cnep?ordenarPor=nome&direcao=asc

Tabela 2 - Pluralidade dos Órgãos Sancionadores

Nome do Órgão Sancionador	Número de Sanções
Governo do Estado	19
Secretaria Municipal de Justiça - Prefeitura de São Paulo (SP)	10
Prefeitura Municipal	6
Empresa Brasileira de Correios e Telégrafos	12
Empresa Brasileira de Infra-Estrutura Aeroportuária - IN-FRAERO	8
Furnas Centrais Elétricas S.A.	4
Petróleo Brasileiro S.A.	6
Outros	4
SEC (EUA)	69
DOJ (EUA)	104

Fonte: Cadastro Nacional de Empresas Punidas, Stanford Law School Foreign Corrupt Practices Act Clearinghouse (2018)

ANÁLISE DAS CONDENAÇÕES - VALOR DA MULTA

No universo de 71 empresas brasileiras e 173 empresas americanas punidas, os valores das multas, do mesmo modo, evidenciam uma ampla divergência. Nos Estados Unidos, os valores das multas entre os anos 2014-2018 chegam a totalizar mais de $13 bilhões de dólares.

No Brasil, o quadro é um pouco diferente. De acordo com o Cadastro Nacional de Empresas Punidas[78], o valor total de multas impostas pelas autoridades em

---

[78] *Portal da transparência. Ministério da transparência e Controladoria Geral da União. Detalhamento da Penalidade. Cadastro Nacional de Empresas Punidas (CNEP). Disponível em:* http://www.portaltransparencia.

quatro anos (de 2014 a 2018) chega a um valor menos impressionante, totalizando R$ 57.920.364,00.

Tabela 3 - Valor total de multas

País	Valor total	Maior multa
Brasil	R$ 57.920.364,00	R$ 2.989.600,00
EUA	US$ 13.046.407.398	US$ 1.78 Billion

Fonte: Cadastro Nacional de Empresas Punidas, Stanford Law School Foreign Corrupt Practices Act Clearinghouse

Coincidentemente, a maior multa imposta nos EUA foi à empresa brasileira Petrobras, no valor de US$ 1,78 bilhão. É importante destacar que esta multa, na verdade, não é o que parece. Depois de uma análise mais profunda, verifica-se que somente uma parte, ainda que relevante, será recuperada pelas autoridades americanas. Em nota para seus clientes, o escritório de advocacia Paul Weiss explicou que um acordo de não-acusação ("NPA") foi firmado pela Petrobras com o DOJ. A empresa concordou em pagar uma multa criminal de US$ 853,2 milhões. Separadamente, para finalizar a investigação da SEC, a Petrobras assinou uma ordem de cessar e desistir de US$ 933 milhões em restituição e juros pré-julgamento, totalizando quase US$ 1,8 bilhão entre as duas resoluções.

O escritório de advocacia Paul Weiss esclarece:

> [...] embora isso pareça inicialmente ser um dos maiores assentamentos na história da FCPA, em uma inspeção mais detalhada, as autoridades dos EUA recuperarão apenas uma parte relativamente pequena do total. A Petrobras pagará apenas 20%, ou US$ 170,6 milhões, da multa aplicada no NPA ao DOJ e à SEC, e os 80% restantes (US$ 682,6 milhões) às autoridades brasileiras para serem colocados em um fundo especial para programas sociais e educacionais [...]. Quanto ao acordo de US$ 933 milhões com a SEC, esse valor pode ser totalmente compensado pelos pagamentos feitos pela Petrobras em uma ação coletiva relacionada a títulos, que se estabeleceu em setembro de 2018 por quase US$ 3 bilhões.[79]

_____

gov.br/sancoes/cnep?ordenarPor=nome&direcao=asc

[79] Paul, Weiss, Rifkind, Wharton & Garrison LLP. (2018). *Behind Petrobras $1.8 Billion FCPA*

A maior multa imposta no cadastro nacional é de R$ 2.989.600,00, ou 5.16% do total, e foi imposta 19 vezes a pessoas jurídicas, representando 98.04% do valor total. A tabela abaixo relaciona a distribuição das multas. A segunda multa mais alta, por sua vez, foi aplicada pelo Governo do Estado do Espírito Santo, no valor de R$ 137.996,79.

Tabela 4 - Maiores multas aplicadas no Brasil

Órgão Sancionador	Valor da Multa em R$
Universidade Federal Rural de Pernambuco	2.989.600,00
Tribunal de Justiça do Estado do Pará (TJPA)	2.989.600,00
Secretaria Municipal de Justiça - Prefeitura de São Paulo (SP)	2.989.600,00
Secretaria Municipal de Justiça - Prefeitura de São Paulo (SP)	2.989.600,00
Secretaria Municipal de Justiça - Prefeitura de São Paulo (SP)	2.989.600,00
Secretaria Municipal de Justiça - Prefeitura de São Paulo (SP)	2.989.600,00
Prefeitura Municipal de São Paulo (SP)	2.989.600,00
Petróleo Brasileiro S.A.	2.989.600,00
Petróleo Brasileiro S.A.	2.989.600,00
Petróleo Brasileiro S.A.	2.989.600,00
Governo do Estado do Espírito Santo	2.989.600,00
Governo do Estado do Espírito Santo	2.989.600,00
Governo do Estado do Espírito Santo	2.989.600,00
Governo do Estado do Espírito Santo	2.989.600,00
Empresa Brasileira de Infra-Estrutura Aeroportuária - INFRAERO	2.989.600,00
Empresa Brasileira de Infra-Estrutura Aeroportuária - INFRAERO	2.989.600,00
Empresa Brasileira de Infra-Estrutura Aeroportuária - INFRAERO	2.989.600,00

Settlement, An Interesting Accounting. Client Memorandum. Disponível em https://www.paulweiss.com/media/3978113/2oct18-petrobras.pdf

Empresa Brasileira de Infra-Estrutura Aeroportuária - INFRAERO	2.989.600,00
Empresa Brasileira de Correios e Telégrafos	2.989.600,00
Governo do Estado do Espírito Santo	137.996,79

Fonte: Cadastro Nacional de Empresas Punidas

Entre as maiores multas, a distribuição entre os órgãos sancionadores fica menos concentrada. A Tabela 5 mostra que a maioria das multas foi imposta pelas seguintes entidades: Prefeitura de São Paulo, Petrobras, Governo do Estado do Espírito Santo e Infraero.

SANÇÕES MONETÁRIAS - MÉDIA

Examinando os números das autoridades americanas podemos perceber a grande diferença em valor da multa média aplicada. A sanção monetária média aplicada nos EUA para 2018 atinge o valor de US$ 162,953,751.00, enquanto no Brasil, de R$ 815.779,78. É uma diferença significativa.

Tabela 5 - Sanções monetárias médias nos EUA

Ano	2014	2015	2016	2017	2018
Média US$	156,614,434	12,630,684	99,724,652	88,267,729	162,953,751

Fonte: Stanford Law School Foreign Corrupt Practices Act Clearinghouse[80]

---

[80] Stanford Law School. Foreign Corrupt Practices Act Clearinghouse. Total and Average Sanctions Imposed on Entity Groups per Year. Disponível em: http://fcpa.stanford.edu/statistics-analytics.html?tab=2

ANÁLISE DAS CONDENAÇÕES - RESOLUÇÕES DOJ E SEC

Além das sanções monetárias que podem ser impostas pelo DOJ, existem quatro tipos de resoluções que normalmente são utilizadas; quais sejam: o acordo de delação premiada, o acordo de processo diferido ou acordo de não-prossecução, o acordo de consentimento, e a declinação com restituição. Como já foi mencionado no caso da Petrobras acima, além de concordar em pagar uma multa criminal de US$ 853,2 milhões, a empresa firmou um acordo de não-prossecução ("NPA") com o DOJ, que é um acordo considerado mais brando.

Dentro do período em questão, o DOJ firmou 36 NPA/DPAs, assinou 48 acordos de delação premiada, fez 20 acordos de consentimento e firmou 4 declinações com restituição, conforme indicado na tabela abaixo:

Tabela 6 - Resoluções DOJ

DOJ	NPA/DPA	Plea Agreement	Consent Agreement	Declination w/ Disgorgement
2014	7	10	0	0
2015	3	14	0	0
2016	13	2	20	0
2017	6	20	0	3
2018	7	8	0	1

Fonte: Stanford Law School Foreign Corrupt Practices Act Clearinghouse[81]

Analisando os dados da SEC, por sua vez, a autoridade também usufrui do uso de acordos e firmou 25 NPA/DPAs, assinou 42 ordens de cessar e desistir – que, inclusive, em 2018 foi uma das sanções no caso da Petrobras –, e fez 17 acordos de consentimento, conforme indicado na tabela abaixo:

---

[81] *Stanford Law School. Foreign Corrupt Practices Act Clearinghouse. Types of SEC Resolutions. Disponível em: http://fcpa.stanford.edu/statistics-analytics.html?tab=6*

Tabela 7 - Resoluções SEC

SEC	NPA/DPA	Cease and Desist	Consent Agreement
2014	0	8	3
2015	1	10	10
2016	3	26	4
2017	8	0	0
2018	13	0	0

Fonte: *Stanford Law School Foreign Corrupt Practices Act Clearinghouse*[82]

No Brasil, na esfera administrativa, foram aplicadas às pessoas jurídicas responsáveis pelos atos lesivos previstos na lei as sanções de multa 55 vezes e, em alternativa, foram aplicadas as sanções de publicação extraordinária da decisão condenatória 16 vezes, na seguinte proporção: 3 Secretaria Municipal de Justiça - Prefeitura de São Paulo (SP), 3 Prefeitura Municipal de São Lourenço da Mata - PE, 2 Petróleo Brasileiro S.A., 2 Furnas Centrais Elétricas S.A. e 6 Correios.

Tabela 8 - Resoluções Brasil

Ano	Publicação Extraordinária	Multa
2014	0	0
2015	0	0
2016	3	12
2017	2	9
2018	11	34

Fonte: *Cadastro Nacional de Empresas Punidas* [83]

---

[82] *Stanford Law School. Foreign Corrupt Practices Act Clearinghouse. Types of SEC Resolutions. Disponível em: http://fcpa.stanford.edu/statistics-analytics.html?tab=6*

[83] *Portal da transparência. Ministério da transparência e Controladoria Geral da União. Detalhamento da Penalidade. Cadastro Nacional de Empresas Punidas (CNEP). Disponível em: http://www.portaltransparencia. gov.br/sancoes/cnep?ordenarPor=nome&direcao=asc*

De acordo com o art. 6 da Lei, a multa será no valor de 0,1% a 20% do faturamento bruto do último exercício anterior ao da instauração do processo administrativo, excluídos os tributos, e nunca será inferior à vantagem auferida, quando for possível sua estimação; caso não seja possível utilizar o critério do valor do faturamento bruto da pessoa jurídica, a multa será de R$ 6.000,00 a R$ 60.000.000,00.

Em relação à publicação extraordinária da decisão condenatória, ela ocorre na forma de extrato de sentença, a expensas da pessoa jurídica, em meios de comunicação de grande circulação na área da prática da infração e de atuação da pessoa jurídica, ou, na sua falta, em publicação de circulação nacional, bem como por meio de afixação de edital, pelo prazo mínimo de 30 (trinta) dias, no próprio estabelecimento ou no local de exercício da atividade, de modo visível ao público, e no sítio eletrônico na rede mundial de computadores.

A última comparação será a temporal. Como a lei brasileira é ainda muito recente, uma comparação entre apenas os primeiros quatro anos da FCPA mostraria melhor o fato de que a Lei brasileira está sendo aplicada de forma satisfatória no que diz respeito ao número de sanções.

Tabela 9 - Comparação temporal

Órgão	1977	1978	1979	1980
SEC	0	2	1	1
DOJ	0	0	2	0

Fonte: Stanford Law School Foreign Corrupt Practices Act Clearinghouse[84]

Como se pode verificar por meio da tabela acima, no total foram quatro penas aplicadas pelo SEC e duas pelo DOJ. No Brasil, nos primeiros quatro anos, foram aplicadas 71 sanções. Nos EUA somente vimos um significativo aumento nas punições em 2007. Em 2006 foram 8 casos na SEC e 6 no DOJ, sendo que em 2007 esse número saltou para 22 na SEC e 22 no DOJ.

---

[84] Stanford Law School. Foreign Corrupt Practices Act Clearinghouse. Types of SEC Resolutions. Disponível em: http://fcpa.stanford.edu/statistics-analytics.html?tab=6

Coincidentemente, os EUA presenciaram uma crise financeira que começou em 2007 e se espalhou rapidamente pelo resto do mundo, causando danos financeiros extremos, com um grande número empresas quebrando.

CONCLUSÃO

A análise da eficácia da lei n.º 12.846/2013, por meio de uma comparação entre a Lei Brasileira e Lei Anticorrupção Americana, a *Foreign Corrupt Practices Act* (FCPA), mostrou a notável diferença na aplicação das sanções entre os dois países, que pode ser atribuída a uma aparente insuficiência legal na aplicação da lei brasileira.

Visto que a corrupção é um problema endêmico social global, a sua erradicação não é uma tarefa fácil. Na tentativa de reduzi-la, em 1977, o Congresso Americano aprovou o U.S. *Foreign Corrupt Practices Act*, considerado um passo fundamental para o combate das práticas de atos ilícitos envolvendo pagamento ilícitos. A FCPA foi emendada em 1988, e o seu escopo foi estendido. Atualmente, a FCPA contém duas provisões: as de antissuborno e as provisões contábeis.

A violação da FCPA origina-se na oferta, no pagamento, ou promessa de pagamento ou autorização de pagamento de qualquer soma em dinheiro, ou oferta, doação ou promessa de doação, ou, ainda, uma autorização de doação, que necessariamente seja feita de "forma corrupta". Incidentalmente, a lei permite os "*facilitation payments*", isto é, pagamentos feitos para fins de agilizar ou garantir a realização de uma ação governamental de rotina por um dirigente, partido político ou dirigente de partido político estrangeiro. Estes pagamentos foram legalizados pelo Congresso para proteger empresas americanas quanto a desvantagens que poderiam sofrer, em face das empresas internacionais que não seriam obrigadas a seguir as regras do FCPA.

A aplicação da FCPA é dividida entre duas autoridades: a SEC e o Departamento de Justiça. A lei é rigorosa no tocante à aplicação das penalidades e traz não somente a responsabilização civil, mas também a criminal, para as empresas e seus executivos, diretores, funcionários e agentes. Por cada violação das disposições antissuborno, a FCPA prevê o pagamento de multas de até US$ 2 milhões para empresas e, para os indivíduos, multas de até US$ 250.000, além de prisão por até cinco anos. Por cada violação das disposições contábeis, a FCPA prevê que as corporações e outras entidades comerciais estão sujeitas a multas máximas de US$ 25 milhões. As pessoas ficam sujeitas a multas de até US$ 5 milhões e à pena de prisão por até vinte anos. Além das sanções, a lei prevê as resoluções. Elas são a declinação ou a resolução negociada, que podem resultar em um acordo de delação premiada, um acordo de processo diferido, ou um acordo de não-prossecução, e nas medidas cautelares cíveis e reparações.

No caso do Brasil, a Lei Anticorrupção foi promulgada em 2013. Ela é destinada à responsabilização objetiva administrativa e civil de pessoas jurídicas pela prática de atos contra a administração pública, nacional ou estrangeira. Os atos lesivos praticados pelas pessoas jurídicas trazem responsabilização nos âmbitos administrativo e civil. Os atos lesivos à administração pública, nacional ou estrangeira originam-se com a oferta ou promessa, direta ou indireta, de vantagem indevida a agente público, ou a terceira pessoa a ele relacionada; comprovadamente visando financiar, custear, patrocinar ou, de qualquer modo, subvencionar a prática dos atos ilícitos previstos nesta Lei, utilizando-se de interposta pessoa física ou jurídica para ocultar ou dissimular seus reais interesses ou a identidade dos beneficiários dos atos praticados.

As sanções na esfera administrativa incluem: multa, no valor de 0,1% (um décimo por cento) a 20% (vinte por cento) do faturamento bruto, e a publicação extraordinária da decisão condenatória. Adicionalmente, a lei traz a possibilidade de celebração dos acordos de leniência, que podem ser celebrados pelas autoridades máximas de cada órgão ou entidade pública. As sanções na esfera judicial incluem perdimento dos bens, direitos ou valores que representem vantagem ou proveito direta ou indiretamente obtidos da infração, suspensão ou interdição parcial de suas atividades, dissolução compulsória da pessoa jurídica e a proibição de receber incentivos, subsídios, subvenções, doações ou empréstimos de órgãos ou entidades públicas e de instituições financeiras públicas ou controladas pelo poder público, pelo prazo mínimo de 1 (um) e máximo de 5 (cinco) anos.

Todavia, foram observadas diferenças entre as duas leis que, neste trabalho, foram examinadas por meio de: aspectos temporais, abrangências, escopo, tipo de violação, sanção e resolução.

A Lei Anticorrupção brasileira ainda é muito recente, lembrando que somente foi homologada em 2014, enquanto a FCPA goza de uma história longa de 41 anos desde sua homologação pelo congresso americano em 1977. Adicionalmente, a Lei Anticorrupção brasileira está especificamente vinculada às pessoas jurídicas registradas no Brasil. A lei americana é aplicada às emissoras e qualquer dirigente, diretor, funcionário, agente ou acionista; os *"domestic concerns"* e qualquer dirigente, diretor, funcionário, agente ou acionista; e certas pessoas e entidades, além dos emissores e *"domestic concerns"*, atuando no território dos Estados Unidos.

A lei brasileira dispõe sobre a responsabilização objetiva administrativa e civil de pessoas jurídicas pela prática de atos contra a administração pública, nacional ou estrangeira. A FCPA, por outro lado, somente foca na questão da administração pública estrangeira.

Para violar a FCPA, a oferta, o pagamento, a promessa de pagamento ou a autorização de pagamento de qualquer soma em dinheiro, ou a oferta, doação ou promessa de doação, ou, ainda, uma autorização de doação, precisa ser feita de "forma corrupta".

Já no Brasil, o ato lesivo é definido como: prometer, oferecer ou dar, direta ou indiretamente, vantagem indevida a agente público, ou a terceira pessoa a ele relacionada; comprovadamente, financiar, custear, patrocinar ou de qualquer modo subvencionar a prática dos atos ilícitos previstos na Lei; comprovadamente, utilizar-se de interposta pessoa física ou jurídica para ocultar ou dissimular seus reais interesses ou a identidade dos beneficiários dos atos praticados; fraudar licitações e contratos.

Outro ponto interessante é que a lei antissuborno americana contém mecanismos de provisões contábeis, que estabelecem os requisitos para manutenção de registros e controle interno e a proibição de falsificação dos livros e registros empresariais. A lei brasileira não possui tais mecanismos, mas, com a homologação do Decreto 8.420/2015, que regulamenta a Lei Anticorrupção, foi criado um conjunto de mecanismos e procedimentos internos de integridade, auditoria e incentivo à denúncia de irregularidades e visando à aplicação efetiva de códigos de ética e de conduta, políticas e diretrizes, com o objetivo de detectar e sanar desvios, fraudes, irregularidades e atos ilícitos praticados contra a administração pública, nacional ou estrangeira. O Decreto prevê que serão subtraídos da multa, caso haja, os valores correspondentes a de um por cento a quatro por cento se houver a comprovação de que a pessoa jurídica possui e aplica um programa de integridade.

No que diz respeito às sanções, as violações dos dispositivos da FCPA podem ocasionar responsabilização criminal para as empresas e seus executivos, diretores, funcionários e agentes. De acordo com a Lei, por cada violação das disposições antissuborno, a FCPA prevê que as corporações e outras entidades comerciais estejam sujeitas ao pagamento de multas de até US$ 2 milhões. Pessoas, incluindo administradores, diretores, acionistas e agentes de empresas, estão sujeitos a multas de até US$ 250.000 e prisão por até cinco anos.

Por cada violação das disposições contábeis, a FCPA prevê que as corporações e outras entidades comerciais estão sujeitas a multas máximas de US$ 25 milhões. As pessoas estão sujeitas a multas de até US$ 5 milhões e à pena de prisão por até vinte anos.

A Lei 12.846/2013, na esfera administrativa, aplica as seguintes sanções: multa, no valor de 0,1% a 20% do faturamento bruto do último exercício anterior ao da instauração do processo administrativo, excluídos os tributos, a qual nunca será inferior à vantagem auferida, quando for possível sua estimação. A Lei também prevê que nos casos em que não seja possível utilizar o critério do valor do faturamento bruto da pessoa jurídica, a multa será de R$ 6.000,00 a R$ 60.000.000,00 milhões de reais.

Em situações que exigem soluções diferenciadas, o DOJ utiliza mecanismos como a declinação e a resolução negociada, que leva a um acordo de delação premiada, um acordo de processo diferido ou um acordo de não-prossecução. Adicionalmente, a SEC pode utilizar mecanismos semelhantes, como os de medidas cautelares, que buscam obrigar o réu a obedecer a lei futuramente e forçá-lo a efetuar reparações que servem para a compensação da parte lesada. Além das medidas, a SEC pode celebrar acordos de Prossecução Deferida (DPA) e Acordos de Não-Prossecução (NPA). No Brasil, os acordos de leniência podem ser celebrados pelas autoridades máximas de cada órgão ou entidade pública; no âmbito do Poder Executivo Federal, bem como no caso de atos lesivos praticados contra a Administração Pública estrangeira, pela Controladoria-Geral da União.

Por meio da pesquisa, que incluiu 71 empresas brasileiras e 173 empresas americanas punidas, foi possível perceber que as multas aplicadas mostraram uma grande divergência entre si. Nos Estados Unidos, os valores das multas entre os anos de 2014 e 2018 chegaram a totalizar mais de $13 bilhões de dólares e, no Brasil, o número foi bem menos expressivo, com multas totalizando um valor de R$ 57.920.364,00. Existe uma grande diferença entre a maior multa aplicada nos EUA e no Brasil: nos EUA, esta foi de US$1.78 bilhão, enquanto no Brasil atingiu somente o valor R$ 2.989.600,00. Outro ponto interessante foi verificar e comparar os valores médios das sanções monetárias. Constatou-se que existe uma diferença significativa: a sanção monetária média aplicada nos EUA em 2018 foi de US$ 162.953.751,00, enquanto no Brasil, foi de R$ 815.779,78. Adicionalmente, dentro do período em questão, o DOJ firmou 36 NPA/DPAs, assinou 48 acordos de delação premiada, fez 20 acordos de consentimento e firmou 4 declinações com restituição. A SEC, por sua vez, firmou 25 NPA/DPAs, assinou 42 ordens de cessar e desistir – que, inclusive, em 2018 foi uma das sanções no caso da Petrobras – e fez 17 acordos de consentimento. No Brasil, na esfera administrativa foram aplicadas sanções em forma de multa 55 vezes e foram aplicadas sanções de publicação extraordinária da decisão condenatória 16 vezes.

Como a lei brasileira é ainda muito recente, foi realizado uma comparação considerando os primeiros quatro anos da FCPA, a partir da qual foi possível constatar que a Lei brasileira está sendo aplicada de forma satisfatória no tocante ao número de sanções aplicadas. Nos primeiros 4 anos da lei americana, foram aplicadas somente 6 penas – 4 pela SEC e 2 pelo DOJ. Já no Brasil, nos primeiros 4 anos, foram aplicadas 71 sanções. Nos EUA somente vimos um significativo aumento nas punições após 2007. Como já elucidado anteriormente aqui, em 2006 foram 8 casos na SEC e 6 no DOJ, sendo que em 2007 esse número saltou para 22 na SEC e 22 no DOJ.

Ressalta-se, portanto, ao fim desta análise, que a Lei Anticorrupção preencheu uma lacuna no sistema jurídico brasileiro.

REFERÊNCIAS

Boedecker, K. (2010). Managing Foreign Corrupt Practices Act Risks of Gift, Travel and Entertainment Expenditures". Economics, Law, and International Business. Paper 1. Disponível em: http://repository.usfca.edu/elib/1

Campos, P. (2014). Comentários à Lei no 12.846/2013 – Lei anticorrupção. Revista Digital de Direito Administrativo. DOI: http://dx.doi.org/10.11606/issn.2319-0558.v2n1p160-185

Criminal Division of the U.S. Department of Justice and the Enforcement Division of the U.S. Securities and Exchange Commission. (2012). A Resource Guide to the U.S. Foreign Corrupt Practices Act. Disponível em: https://www.justice.gov/sites/default/files/criminal-fraud/legacy/2015/01/16/guide.pdf

Coelho, N., Helimara M.H. (2017) .Foreign Corruption Practices Act: Uma breve análise da lei que deu origem ao combate internacional da corrupção. Revista Jurídica. vol. 01, n°. 46, Curitiba.164-187. Recuperado em 20 agosto, 2018 de http://revista.unicuritiba.edu.br/index.php/RevJur/article/viewFile/2004/1285

Ferraz, L. (2014). Reflexões sobre a Lei n° 12.846/2013 e seus impactos nas relações público-privadas – Lei de improbidade empresarial e não lei anticorrupção. Revista Brasileira de Direito Público – RBDP, Belo Horizonte, 12 (47), 33-43.

Figueiredo, A.R. (2017). Pessoa Jurídica Corruptora - Lei 12.8462013. A Revista DIGE - Direito Internacional e Globalização Econômica. V. 2, N. 02. p.45. Disponível em: https://revistas.pucsp.br/index.php/DIGE/article/view/35169

Figueiredo, F.O. (2016) Building accountability under intense pressure: Lessons from the 'anti-corruption' legislation in Brazil' Global Rule of Law Exchange Practice Notes. Bingham Centre for the Rule of Law,

London. Recuperado em 11 mayo, 2018 de https://binghamcentre.biicl.org/ruleoflawexchange/documents/199_de_figueiredo.pdf?showdocument=1

House of Representatives. (1977) Unlawful Corporate Payments Act of 1997. House Report 95-640. Disponível em: https://www.justice.gov/sites/default/files/criminal-fraud/legacy/2010/04/11/houseprt-95-640.pdf

House of Representatives. (1977). Domestic and Foreign Investment Improved Disclosure Acts of 1977. Senate Report 95-114. Disponível em: https://www.justice.gov/sites/default/files/criminal-fraud/legacy/2010/04/11/senaterpt-95-11

Monteiro, A. (2015). Anticorruption in Brazil: How Brazilian companies should deal with requirements of the FCPA and of the Brazilian Anticorruption Act. Ballot, 1(2). doi:10.12957/ballot.2015.22002

Montero, D. (2018) Kickback: Exposing the Global Corporate Bribery Network: Penguin.

Prado, M., Carson, D., & Correa, I. (2016). The Brazilian Clean Company Act: Using Institutional Multiplicity for Effective Punishment:. Osgoode Legal Studies Research Paper Series. 119. Recuperado em 11 mayo, 2018 de http://digitalcommons.osgoode.yorku.ca/olsrps/119

Paul, Weiss, Rifkind, Wharton & GarrisonLLP. (2018). Behind Petrobras $1.8 Billion FCPA Settlement, An Interesting Accounting. Client Memorandum. Disponível em https://www.paulweiss.com/media/3978113/2oct18-petrobras.pdf

Portal da transparência. Ministério da transparência e Controladoria Geral da União. Detalhamento da Penalidade. Cadastro Nacional de Empresas Punidas (CNEP). Disponível em: http://www.portaltransparencia.gov.br/sancoes/cnep?ordenarPor=nome&direcao=asc

Roca, G. (2018). Após 4 anos, Lei Anticorrupção aplicou R$ 18 milhões em multas e apenas R$ 60 mil foram pagos. Estadão. Disponível em: https://economia.estadao.com.br/noticias/governanca,apos-4-anos-lei-anticorrupcao-aplicou-r-18-milhoes-em-multas-e-apenas-r-60-mil-foram-pagos,70002237127

Seitzinger, M,V. (2016). Foreign Corrupt Practices Act (FCPA): Congressional Interest and Executive Enforcement, In Brief. Congressional Research Service 7-5700. Disponível em: https://fas.org/sgp/crs/misc/R41466.pdf

Sporkin, S. (1997).The Worldwide Banning of Schmiergeld: A Look at the Foreign Corrupt Practices Act on its Twentieth Birthday. Northwestern Journal of International Law and Business.18, 269. Recuperado em 23 agosto, 2018 de http://www.anpad.org.br/rac/rac-guia-apa.pdf

Stanford Law School. Foreign Corrupt Practices Act Clearinghouse. Types of SEC Resolutions. Disponível em: http://fcpa.stanford.edu/statistics-analytics. html?tab=6

Transparency International. (2014). Corruption Perceptions Index 2014. Recuperado em 23 junho, 2018 de http://www.transparency.org/cpi2014

Transparency International. (2017). Corruption Perceptions Index 2017. Recuperado em 23 junho, 2018 de https://www.transparency.org/news/feature/ corruption_perceptions_index_2017

Transparency International. (2014). Exporting Corruption: Assessing Enforcement of the OECD Convention on Combating Foreign Bribery. Recuperado em 23 agosto, 2018 de http://www.transparency.org/exporting_ corruption/Brazil

United Nations. (2018). At Security Council Briefing on Corruption, Conflict, Secretary-General Calls for Doing More to Strengthen Governance, Build Trustworthy Institutions. Press Release. Disponível em: https://www.un.org/ press/en/2018/sgsm19204.doc.htm

United States Department of Justice. Principles of Federal Prosecution of Business Organizations. Disponível em: https://www.justice.gov/jm/jm-9- 28000-principles-federal-prosecution-business-organizations

World Bank. (2013). Worldwide Governance Indicators: Brazil. Recuperado em 23 agosto, 2018 de http://info.worldbank.org/governance/wgi/index. aspx#report s

The World Bank Group.(1997). Helping Countries Combat Corruption: The Role of the World Bank Poverty Reduction and Economic Management. Disponível em http://www1.worldbank.org/publicsector/anticorrupt/corruptn/ cor02.htm

World Bank. (2014). Doing Business 2015. Recuperado em 23 agosto, 2018 de http://www.doingbusiness.org/data/exploreeconomies/brazil #paying-taxes

www.ingramcontent.com/pod-product-compliance
Lightning Source LLC
Chambersburg PA
CBHW061928190326
41458CB00009B/2691